學術思想叢刊

張栻教育思想研究

張連勇　著

自序

呈現在讀者面前的這本小冊子是我在碩士論文《張栻教育思想研究》的基礎上，歷經琢磨、修改、推敲，而逐漸形成的。

張栻是南宋著名的思想家與教育家，湖湘學派的代表人物。他創建城南書院，主持嶽麓書院，創立理學及哲學體系，形成了獨具特色的理學教育思想。張栻踐行儒家治國思想，通過上書奏章與經筵進講向皇帝傳達「抗金救國」、「實行仁政」、「以民為本」、「重用賢人」的治國思想。在多次問對中，孝宗為他的忠義所感動，賜手書進行褒獎。張栻在為官生涯中，把傳統儒家治理思想寓於社會教化過程中，主張「重民」，提倡「寬民」，注重「教民」。他勤政愛民，寬緩不苛，興辦學校，清風滌俗。本書以張栻教育思想形成緣由為切入點，通過窺探他對統治者「護國興邦」治國思想的傳達、對學者以理學體系為核心的道德教育與為學教育、對百姓的社會教化思想，全面、立體地解讀張栻宏觀且豐富的教育思想。

筆者在撰寫本書稿時，主要有以下兩點思考：一、主要從廣義角度、宏觀層面，對張栻教育思想展開研究。從研究角度與層次看，本書是從國家治理、書院教學、社會教化的整體層面去研究張栻的教育思想，他的宏觀教育思想著眼於教育理念、教育層級或教育體系與國家發展與社會進步的關聯。從研究對象方面分析，本書研究張栻教育思想不僅拘囿於書院從學之人，而是將研究對象的考察擴展到國家統治者、社會百姓，關注張栻的教育理念與思想在國家治理、書院教育、社會教化等領域的開展方式與規律。從解決問題的角度詮釋，研

究張栻宏觀教育思想，主要想解決的問題是他的教育思想與理念在整個國家發展、書院教學、社會進步範圍內的傳承與合理利用問題，旨在實現治理國家、培養人才、教化百姓的目的，達到教育理念社會效益的最大化。

二、從整體角度研究張栻對學者的道德教育。張栻從人性本「善」的角度出發，強調學者只有不斷加強道德修養，錘煉道德意志，提高道德覺悟，才能歸寧做人的本質。筆者認為，張栻對學者的道德教育不是單獨存在的，而是形成一個豐富廣泛、有機聯繫的整體。他在對學者護「心」養「性」的道德教育中，為從學之人指出一條追求「仁」德、崇「義」賤「利」、遵「禮」而循、遵守「信」念、明達真「知」的歸順天理之路，讓學者心有所主、行有所據，明道自身，通達人生。張栻不僅從整體層面對學者傳授道德修養之內容，還佐以立志、踐「道」而行、克己、改過、篤「實」、居敬窮理等一系列道德修養方法，學者涵泳其中，用心體察，鍥而琢磨，臻入學問之境。

碩士研究生畢業以後，我在工作的閒暇之餘，每每拿起自己的畢業論文，對其中的相關問題，總有一種修改的衝動。在這種力量的驅使下，我歷經幾次較大範圍的修改，形成現在的小冊子，但自己終不是十分滿意，希冀讀者閱讀鄙作，多提中肯意見，以便再次修改與完善。

張連勇　撰於珠光逸景社區

2024年9月14日晚

目次

自序 ………………………………………………… 張連勇　1

導　論 ……………………………………………………………1
    一　選題來源及意義 ……………………………………………1
    二　對該問題的研究現狀及分析 ………………………………2
    三　創新點與難點 ………………………………………………14

第一章　張栻生活背景及教育思想形成條件 …………15
    第一節　張栻生活背景概述 …………………………………15
        一　張栻生活的時代背景 ……………………………………15
        二　家世背景 …………………………………………………19
    第二節　張栻教育思想形成之條件 …………………………20
        一　家學薰陶——教育思想形成的源頭 ……………………20
        二　受學拜師——教育思想形成的重要前提 ………………21
        三　書院教學實踐——教育思想形成的必要過程 …………24
        四　友人之間的學術交往——教育思想形成不可缺少
　　　　的因素 ……………………………………………………26

第二章　張栻「護國興邦」教育思想的傳播 …………39
    第一節　張栻「護國興邦」教育思想傳播的前提 …………39

一　恪守三綱五常、忠於君主 39
　　　二　宋孝宗虛心納諫 41
　第二節　仕途從政——教育思想傳播的主要途徑 43
　　　一　主張抗金救國 44
　　　二　勸告君主實行仁政 47
　　　三　希望君主選賢任能 49
　第三節　經筵進講——教育思想傳播的直接渠道 51
　　　一　勸告君主嚴以律己、存敬戒之心 52
　　　二　勸告君主心懷人民，重視農業的發展 53
　　　三　提倡君主以德、禮治國 56
　　　四　勸告君主、后妃重視《詩經》的學習，以思歸本 57
　小　結 60

第三章　張栻對學者的道德教育 61

　第一節　張栻道德教育的哲學依據 61
　　　一　人性本善 61
　　　二　對人性有善到不善原因的追索 63
　第二節　張栻對學者的道德教育內容 64
　　　一　自身修養——道德教育的總綱 64
　　　二　道德修養的內容 68
　第三節　學者道德修養方法 111
　　　一　立志 112
　　　二　踐「道」而行 114
　　　三　克己 121
　　　四　改過 131
　　　五　篤「實」 134

六　居敬窮理 ………………………………… 138

　　七　至「誠」…………………………………… 144

　　八　持之以恆、謙虛謹慎 …………………… 147

　　小　結 ………………………………………… 149

第四章　張栻對學者的為學教育 ……………… 151

　第一節　張栻對學者為學教育的內容 ………… 151

　　一　學習內容 ………………………………… 151

　　二　讀書方法 ………………………………… 160

　第二節　張栻對學者為學教育的方法 ………… 162

　　一　溫故知新 ………………………………… 162

　　二　學思並進 ………………………………… 163

　　三　博約相須 ………………………………… 165

　　四　循序漸進 ………………………………… 167

　　五　致知力行 ………………………………… 170

　　六　涵養察識 ………………………………… 173

　　小　結 ………………………………………… 174

第五章　張栻社會教化思想 …………………… 177

　第一節　張栻社會教化思想之前提 …………… 177

　第二節　張栻社會教化思想之內容 …………… 178

　　一　勸農固本 ………………………………… 179

　　二　重教興學 ………………………………… 181

　　三　守法尊禮 ………………………………… 184

　　四　清風滌俗 ………………………………… 185

　　小　結 ………………………………………… 188

第六章　張栻教育思想的傳承與評價…………………191

第一節　張栻教育思想的傳承……………………191
第二節　張栻教育思想的評價……………………210

結　語……………………………………………217
參考文獻…………………………………………221

導論

一　選題來源及意義

　　張栻（1133-1180）生活於高宗、孝宗兩朝。當時宋金戰爭頻繁，主和派在朝中占重要地位；興辦書院、授徒講學之風盛行，理學得到不斷發展；百姓生活困苦，受教育程度低，社會風氣有待滌清。國家發展狀況、特殊的社會環境，塑造了張栻教育思想的特定內容主要涵蓋以下幾個方面：（1）勸告統治者居安思危、對外抗金、以民為本、實行仁政。（2）對學者進行以理學為基礎的道德教育與為學教育，加強個人身心修養與人格錘煉、豐富理學知識體系、增進知識涵養。（3）勸農固本、興辦學校、移風易俗。

　　張栻作為南宋著名的思想家與教育家，他教育思想體系的形成是一個怎樣的過程？其中哪些因素對教育思想的形成起到了重要作用？張栻不僅自己研究學問，還通過經筵侍講的方式將其治國思想傳至皇帝，在傳遞思想的過程中，張栻做了哪些準備工作？傳遞的治國思想內容主要包括哪些方面？宋孝宗聽後的反應如何？張栻主辦嶽麓書院期間是向學者傳送道德教育與知識學問的重要時期，這一階段張栻對學者的道德教育彰顯了哪些自己的特色？在傳授知識學問的過程中，張栻向學者提供了哪些學習方法？張栻的教育思想內容是豐富與宏大的，對百姓的社會教化思想是其教育思想在社會層面的反映，張栻為官過程中，他對百姓的社會教化思想包含哪些內容？是怎樣體現他的理學研究成果的？

本書將帶著這些問題，從張栻教育思想形成之緣由，張栻對統治者「護國興邦」的教育，對學者道德教育與為學教育，對百姓的社會教化，張栻教育思想的傳承及評價等幾個方面對其教育思想展開研究。研究張栻的教育思想，從他對學者的教育思想中擇取有益的教學經驗、教學理念與教學方法，從對統治者的治國思想傳達中擇取有價值的治國策略為我們所借鑒。這是研究張栻教育思想的現實意義所在。

二　對該問題的研究現狀及分析

關於張栻教育思想的研究，就筆者目前所考察的範圍來看，專著性的成果還沒有，現將相關的專論性研究成果分三部分介紹如下：

（一）教育史及教育思想方面的相關論著

1、河南大學苗春德、趙國權在《南宋教育史》[1]中，對南宋教育的基本特徵、南宋書院教育、社會教育、南宋的教育家及其教育思想做了比較全面的論述，這對開展張栻教育思想的研究提供了許多有價值的背景資料。書中分章節對張栻的教育實踐活動，旨在「盡其性」的教育作用論、培養「傳道濟民」之才的教育目的論、傳授「經世致用」的教育內容論，以「明人倫」為核心的道德教育論，以「教學為先務」的教育方法論進行了詳盡地論述。文章突破了前人論述人物教育思想的平鋪直敘，巧妙地從教育作用論、教育目的論、教育內容論、道德教育論、教育方法論等幾方面對張栻的教育思想體系進行立體性觀察，獨具匠心。

---

[1] 苗春德、趙國權：《南宋教育史》，上海：上海古籍出版社2008年版。

2、陳學恂在《中國教育史研究·宋元分卷》[1]中，孫培青、李國鈞在《中國教育思想史·第二卷》[2]中對張栻教育思想進行了論述。諸著作從張栻教育思想的哲學基礎、教育目的、教學內容、道德修養方法等方面對其教育思想進行了剖析，得出以下結論：張栻富有特色的教育理論，發展和豐富了宋代理學教育思想。

3、燕國材在《中國教育心理思想史》[3]中，顧婭娣在《張栻的學習心理思想研究》[4]中從張栻教育心理思想的基本觀點、學習心理思想、德育心理思想、差異心理與教師心理思想、學習中的智力與非智力因素、學習階段、學習的原則與方法等方面進行了論述。從心理層面來剖析人物的教育思想，給人耳目一新的感覺，多角度、多元化對人物教育思想進行研究與闡釋，值得借鑒。

4、王麗梅在《論張栻的教育思想》[5]一文中指出，張栻採取了閱讀與思考相結合、博學與簡約相結合、講授與問答相結合、重視身教作用等靈活多樣、豐富多彩的教學方法，極大地激發了學生的興趣和熱情，培養了學生的獨立性和創造性，為個體科研能力和實際能力的培養打下了堅實的基礎。本文重點論述的是張栻教學方法，對其理學教育與道德教育內容涉及較少，本書將在這一方面作補充。

5、孟憲承等編寫的《中國古代教育史資料》[6]中對宋代教育家在教育方面的史料作了詳盡的彙集，對研究中國古代教育家教育思想的

---

1 陳學恂、王炳照、郭齊家：《中國教育史研究·宋元分卷》，上海：華東師範大學出版社2000年版。
2 孫培青、李國鈞主編：《中國教育思想史·第二卷》，上海：華東師範大學出版社1995年版。
3 燕國材：《中國教育心理思想史》，濟南：山東教育出版社2004年版。
4 顧婭娣：〈張栻的學習心理思想研究〉，《船山學刊》2003年第1期。
5 王麗梅：〈論張栻教育思想〉，《江蘇社會科學》2006年第1期。
6 孟憲承：《中國古代教育史資料》，北京：人民教育出版社1961年版。

研究者來說，可所謂一大幫助。書中雖然沒有涉及到張栻的教育思想，但也為研究張栻與其他教育家教育思想的比較提供了不少可以借鑒的資料。

6、臺灣學者王雲五先生在《宋元教學思想》[1]一書中，將其人物教育思想分為學之部和教育之部進行研究，該書以人物學案和語錄為出發點，從學習方法、讀書方法、學習者必備條件、教學方法、教學內容等方面對宋元理學家的教育思想進行了分析，並作了詳盡地論述。該書的寫作思路新穎，寫作手法獨特，值得深思。

（二）理學、哲學方面的相關論著

1、漆俠在《宋學的演變和發展》[2]中提到張栻理學思想具有兩方面的特色：一是對程顥心學思想的闡發，強調仁義禮智為人的本性和中庸之道。二是在義利之辨中，張栻以「入細工夫」辨析義利，不是無所為而為，而是有所為而為。其中義利之辨是張栻道德教育的最基本內容，本書將從張栻對「義利之辨」的講授方法、學習重點、闡釋要理等方面，對張栻的「義利」觀進行闡發。

2、蔡方鹿在《一代學者宗師——張栻及其哲學》[3]中對張栻的理學思想、社會政治思想、教育思想進行了細緻的闡述，提出「教育思想是他以理義治天下的政治思想在教育領域的貫徹，理學思想是他教育思想的理論基礎」的觀點。這一論點對張栻教育思想的全面展開與宏觀闡述有重要的指導意義，本書將從治國、書院教學、管理百姓等宏觀角度對教育思想展開系統研究。

---

[1] 王雲五：《宋元教學思想》，臺北：臺灣商務印書館1971年版。
[2] 漆俠：《宋學的演變和發展》，石家莊：河北人民出版社2002年版。
[3] 蔡方鹿：《一代學者宗師——張栻及其哲學》，成都：巴蜀書社1991年版。

3、湯寬新在《張栻倫理思想研究》[1]第三章第二節〈道德教育思想〉中從道德教育目的、道德教育內容、道德教育方法等幾個方面對張栻道德教育思想進行了闡釋，為開展張栻道德教育的研究指明了方向。

4、邢靖懿在《張栻理學研究》[2]中對張栻居敬窮理的工夫論、相須互發的知行觀、同行異情的義利之辨、治國濟民的治世思想進行了論述，這為展開張栻對學者的道德教育和對統治者的治國思想的傳授做了鋪墊。

5、侯外廬先生的《中國思想通史》[3]、張立文先生的《中國學術通史·宋元明卷》[4]、葛兆光先生的《中國思想史》[5]、錢穆先生的《宋明理學概述》[6]、蔡仁厚先生的《宋明理學·南宋篇》[7]、姜國柱先生的《中國歷代思想史·宋元卷》[8]等著述中對張栻理學思想進行了系統、詳盡地闡述，在一定程度上有助於張栻教育思想的展開研究。張栻在教書育人過程中，把其理學思想貫穿於教育活動中，使教育思想和理學思想相互交融，形成富有理學特色的教育體系。

6、王麗梅的《張栻哲學思想研究》[9]、蘇鉉盛的《張栻哲學思想研究》[10]對張栻哲學思想進行了研究，對其教育思想的研究關注不夠。但是他們選取的史料、參考的書籍可以為本書的撰寫提供文獻方

---

1 湯寬新：《張栻倫理思想研究》，湖南師範大學2009年碩士論文。
2 邢靖懿：《張栻理學研究》，河北大學2008年博士論文。
3 侯外廬：《中國思想通史》，北京：人民出版社1995年版。
4 張立文：《中國學術通史·宋元明卷》，北京：人民出版社2004年版。
5 葛兆光：《中國思想史》，上海：復旦大學出版社2002年版。
6 錢穆：《宋明理學概述》，臺北：臺灣學生書局1977年版。
7 蔡仁厚：《宋明理學·南宋篇》，臺北：臺灣學生書局1999年版。
8 姜國柱：《中國歷代思想史·宋元卷》，臺北：文津出版社1993年版。
9 王麗梅：《張栻哲學思想研究》，湘潭大學2001年碩士論文。
10 蘇鉉盛：《張栻哲學思想研究》，北京大學2002年博士論文。

面的資料，讓本書的撰寫在佔有豐富資料的基礎上，展開系統分析與論述。

7、張栻的理學思想是其教育思想體系的核心組成部分。有學者從「心」、「性」闡發方面，研究張栻的理學思想。陳明指出，張栻秉承《易傳》、《春秋》的歷史傳統，雖然在心性論層面對朱子有所吸納，但意識到二者在本體論上的分歧後，按照《易傳》的宗旨對周敦頤的《太極圖說》進行針對性詮釋，維護彰顯「天—『性—心』—與天地參（事）」的儒家傳統結構。[1]楊世文認為，張栻以性為宇宙本體，闡發了萬物一原的思想。從虛明知覺之心的心性論角度，既論證了人為萬物之靈的獨特性，又說明了人具有能動性和可教化性。[2]游森指出，張栻以「太極，性也」之義構建起性—太極的本體結構，以心形顯太極，以道德實踐發明太極，實現了宇宙論與心性論的統一。他肯認未發之性的存在，存養未發的工夫亦得以進行，由此形成了存養與省察並用的工夫論。[3]葉耀華認為，張栻心性論的變化實質上源於對心體地位的堅持和抬升，並以此對胡宏師學未圓融處進行修正。[4]郭齊指出，張栻基本認同胡宏的性本體論，但不滿於將太極定性為形而下之氣並置於從屬地位，且認為以性指稱本體也有有靜無動、有體無用之嫌。於是通過對胡宏太極範疇的改造，克服了其理論缺陷，使其性本體論向二程靠攏。[5]蔡方鹿指出，張栻以性為本體，對「異端」展開批判，以維護儒家正統學說，指出佛教理論虛妄不真，楊墨之學偏離

---

[1] 陳明：〈天人學與心性論的系統緊張與整合——張栻思想進路及意義的文明論考察〉，《北京大學學報（哲學社會科學版）》2024年第1期。

[2] 文建剛、楊世文：〈張栻人學思想析論〉，《中華文化論壇》2023年第6期。

[3] 游森：〈論張栻的本體與工夫觀——以《太極圖說解義》為核心〉，《周易研究》2022年第4期。

[4] 葉耀華：〈張栻心性論演進探析〉，《湖湘論壇》2020年第2期。

[5] 郭齊：〈胡宏性本體論對張栻的影響〉，《船山學刊》2014年第1期。

仁義，詞章之學、霸道政治走向功利。這反映出湖湘學派的價值評判標準：即重視經世致用，強調對儒家倫理的躬行踐履。[1]向世陵認為，張栻對性善的解說及其援太極說入性論的理路，與朱學有著明顯的差異，仍堅守了湖湘學以性為本的基本立場。[2]

崇「義」賤「利」是張栻對學者進行道德教育的重要內容。王麗梅指出，張栻以無所為而為和有所為而為進行義利分判。據此，張栻對歷史政治和人物進行了評判，並在評判中寄予了深切的道德情懷和強烈的現實關懷，托古言志，為當局者開具了一劑振興朝綱、匡扶社稷之良方。[3]周接兵認為，張栻將義利之辨提升到判別君子、小人，王道、霸道的「第一義」的高度，並被賦予本體論、心性論、工夫論的詮釋，又通過天理人欲之辨，引入「公私之辨」這一命題，使得義利之辨既具備了體現形而上天道的價值根源，又具備了指導士大夫灑掃應對乃至修齊治平的現實功用。[4]吳亞楠指出，張栻對義利理欲的探討在繼承胡宏思想的基礎上有其獨特的貢獻，他自覺地從概念使用上區分「欲」與「人欲」的不同，對於「欲」作出了「小且賤」的價值評價；在此過程中為「天理」確定了「直」、「順」、「無所為」等同時具有本體和工夫意義的新標準。[5]

張栻將「仁」學教育視為道德教育之核心。李長泰認為，重新詮釋張栻仁範疇內涵，需要從張栻仁內涵的體之仁為理、用之仁為道、

---

[1] 蔡方鹿、胡長海：〈張栻「異端」觀研究〉，《湖南大學學報（社會科學版）》2014年第1期。

[2] 向世陵：〈張栻的「性善」論說〉，《湖南大學學報（社會科學版）》2014年第1期。

[3] 王麗梅：〈張栻義利觀鉤沉〉，《天府新論》2022年第3期。

[4] 周接兵：〈義利公私之間：張栻對君子人格的理學詮釋〉，《河北師範大學學報（哲學社會科學版）》2019年第1期。

[5] 吳亞楠：〈從重「欲」到「無為而治」——張栻理欲觀的三個層次〉，《孔子研究》2019年第4期。

合之仁為人和美之仁為善的四層邏輯進行解析，四層邏輯體現了張栻仁內涵的體、用、合、美的心路歷程。[1]楊世文指出，張栻認為，仁道即人道，而人道本於天道，從而建構起「仁道本體論」。他對於儒家仁道的闡發，植根於儒家傳統，強調其經世之用，而賦予了時代特色。[2]牛磊指出，張栻認為，既然人與萬物都源自天地生生之意，便應通過一套「反身而誠」的工夫將仁愛精神「推」至萬物，以實現「民胞物與」的目標。這種仁愛必須通過一套親親—仁民—愛物的實踐予以實現。[3]向世陵認為，張栻不認同「天地以生物為心」，重視「復」在天地生物和德性修養中的價值。天地之心落實為人心，重在將天地之心與人心和仁德統一起來。人不能停留於愛人的現象，必須探究其內在的性理或所以愛人者，愛之理的問題凸顯了出來。[4]

8、張栻與友人的學術交流與往來，對理學相關問題的討論與切磋，對教育思想體系的完善產生重要的影響。首先，有學者研究張栻與朱熹之間的學術交流與往來。謝桃坊指出，張栻和朱熹然理學思想的淵源皆出自濂洛之學，但關於理學基本觀念——太極、理道、原性、中庸、知行的反復論辯，因此使理學思想豐富而深刻。他們表現的對宇宙自然與社會人生的認識，在本質上是為封建統治階級服務的。[5]在儒家經典作品的解讀方面，樂愛國認為，朱熹與張栻解讀解《孟子》「王何必曰利？亦有仁義而已矣」，並沒有講義利對立，張栻把義利之辨與王道聯繫起來，而朱熹則更在意「君子未嘗不欲利」「仁義

1　李長泰：〈張栻仁內涵的四層美學邏輯〉，《中原文化研究》2022年第5期。
2　楊世文：〈道不遠人：張栻的儒家之道〉，《船山學刊》2022年第2期。
3　牛磊：〈論張栻的「萬物一體」思想〉，《河北大學學報（哲學社會科學版）》2022年第1期。
4　向世陵：〈張栻的仁說及仁與愛之辨〉，《學術月刊》2017年第6期。
5　謝桃坊：〈論學辯難、窮理致知——試析張栻與朱熹關於理學觀念的討論〉，《天府新論》2019年第6期。

未嘗不利」與孟子所言在學理上的融洽一致。[1]在太極內涵的解說方面，李麗珠指出，朱熹、張栻分別著有自己的《太極圖說解義》，對於主靜問題追根溯源則可以發現，二人對於太極內涵有不同的理解。朱熹以為太極即理，嚴格區分作為形上本體的太極與形下發用的陰陽動靜。張栻以為太極即性，對太極的理解融貫體與用、動與靜。[2]王麗梅認為，張栻以性詮釋太極，朱熹以理解讀太極。張栻認為太極既涵動靜之理，又明動靜之蘊，故太極即體即用，體用一源；朱熹認為太極只涵動靜理，不具有動靜之實，故太極只見其體，不明其用。[3]陳來指出，朱子《太極解義》注重義理的哲學分析與綜合，在本體論上具有優勢，張栻《太極圖說解義》注重工夫界定，是朱子解義有所忽略之處。[4]張栻與朱熹的太極之辯，促進了二人思想的成長與成熟，推動了南宋理學的發展與完善。而解曉昕認為，朱熹對張栻在中和與工夫問題上的影響是關鍵性的，對太極相關問題的影響則不太明顯。而張栻的理學體系是以已發未發說及由此產生的心性之名義為中心，向上影響到對太極的理解，向下影響到工夫的進路。[5]成中英認為，討論朱熹與張栻的論辯，尚需採取本體詮釋學的方法，從根源上尋求體系的發展與成立。[6]

除研究張栻與朱熹的交遊之外，有學者還對張栻與其他學者的交

---

1 樂愛國：〈朱熹、張栻解《孟子》「王何必曰利？亦有仁義而已矣」之比較〉，《湖南大學學報（社會科學版）》2022年第4期。
2 李麗珠：〈孤懸與渾融——朱熹與張栻太極思想異同比較〉，《中國哲學史》2021年第2期。
3 王麗梅：〈即體即用與體用分離——張栻與朱熹的太極之辯〉，《孔子研究》2016年第5期。
4 陳來：〈張栻《太極圖說解義》及其與朱子解義之比較〉，《周易研究》2019年第1期。
5 解曉昕：《朱張論學視野下張栻理學體系建構》，山東大學2020年碩士論文。
6 成中英：〈朱熹與張栻的論學：性體情用心統與性體心用導向心之九義〉，《四川師範大學學報（社會科學版）》2014年第3期。

遊進行了研究。張天傑指出，朱熹、張栻、呂祖謙並稱南宋初年的「東南三賢」，其中呂、張交遊學界尚無專論，然卻是分析此學術共同體之由來以及內在構成的關鍵。特別是呂、張為期兩年的嚴州、臨安之會，當是學術史上一大被忽視的盛事；二人約十二年的論學，以及「不在場者」朱熹的書信參與，影響了他們學術的發展。[1]鄒錦良認為，南宋隆興年間，周必大與張浚同事孝宗，得以認識張栻，此後周必大與張栻頻繁通過書信交流學術問題，尤其在「知行」問題上，兩人論辯頗多。周必大和張栻的「知行」辯論反映了南宋時期舊儒學與新理學之間的歧異互動。[2]

9、道統是儒家傳道的脈絡和系統。張栻深研儒家思想體系多年，其道統思想豐富。毛麗婭認為，張栻主張傳儒家聖人之道，在乾道年間，已經形成周敦頤、二程、張載等北宋諸儒的道統思想；以儒家經典為載體、以書院為基地講學授徒、立祠供祀倡揚儒家道統，重視義理解經、開義利之辯，強調傳道濟民、經世致用，對儒家道統傳承與發展做出了重要貢獻。[3]趙聘指出，在「道」的傳承譜系方面，張栻發展了胡宏將周敦頤、二程納入傳道譜系的思想，不僅將仁義之道外化為人們立身行事的社會道德準則，也將道上升為宇宙本體，並將其與天理、心相結合，為解決道的傳承問題，張栻將心與學問之道聯繫起來，提出致知篤敬的求道方法。[4]張勁松認為，張栻在宋代道學中佔有宗主地位，他融理入心，強調「性」為萬物之主宰；主張經

---

[1] 張天傑：〈呂祖謙與張栻交遊詳考——兼談南宋初年「東南三賢」之由來〉，《湖南大學學報（社會科學版）》2019年第4期。

[2] 鄒錦良：〈「知行」之辯：周必大與張栻的學術交誼考論〉，《孔子研究》2013年第4期。

[3] 毛麗婭：〈張栻的道統思想及其對儒家道統傳承的貢獻〉，《中國哲學史》2021年第1期。

[4] 趙聘：〈張栻道統思想探析〉，《船山學刊》2020年第5期。

世致用、躬行踐履，而具有自身思想的鮮明特點。[1]朱漢民則指出，張栻原來堅信湖湘學統與理學道統是統一的，但在其與朱熹的學術交流過程中，逐漸產生了許多新的道學共識，從而面臨湖湘學統與理學道統的緊張。將張栻之學納入從湖湘學術傳承到南宋道學建構的歷史過程來考察，更能夠彰顯道學體系多元一體的歷史建構特點。[2]

10、有學者也對張栻社會教化思想進行了研究。彭洋指出，張栻的社會化思想有自己的顯著特徵：其一，注重人格培育中道德倫理精神的塑造；其二，注重循環漸進的個體的封建道德倫理的培養；其三，倡導知與行的相輔相成，主張個體不僅在思想上符合封建綱常的要求，也特別注重個體對封建道德的實踐。其四，注重社會載體在人格培育中的功能和作用，將道德理念的培育滲透、貫穿到人們社會生活的各方面。[3]

（三）書院教學方面的相關論著

1、呂紅安在《張栻書院教學思想研究》[4]中從張栻教育思想的來源、書院教學思想形成的緣由、書院教學思想形成的理論根源、書院教學思想的基本內涵等幾方面進行了詳細的論述。張栻的教育思想包含內容很豐富，不僅反映於書院教學中，也彰顯於社會教化與國家治理中，對於張栻其他方面的教育思想還有待於進一步挖掘。

2、朱與墨、劉哲明在《張栻書院教育思想對湖南一師早期師範

---

1 張勁松：〈張栻在宋代道學中的宗主地位及其影響〉，《四川師範大學學報（社會科學版）》2014年第3期。
2 朱漢民：〈張栻的學統與道統〉，《船山學刊》2023年第3期。
3 彭洋：《張栻的社會化思想研究》，重慶師範大學2021年碩士論文。
4 呂紅安：《張栻書院教學思想研究》，河南大學2008年碩士論文。

教育的影響》[1]中，姚豔霞在《張栻主教岳麓書院的特點及其現代啟示》[2]中，黃賜英在《張栻主教岳麓啟示略談》[3]中指出，張栻將教育新理念注入城南書院、嶽麓書院，使兩座書院由此發展為理學學派之一湖湘學派的主要基地。隨著時光的流轉，嶽麓書院鑄造了湖湘文化的輝煌，以其獨具特色的教育理念培養出大批經世致用之才，贏得了「唯楚有才，于斯為盛」的美譽。時至今日，張栻的教育理念和教育實踐對辦學仍有參考價值，以上研究為深入研究湖湘學派思想體系與張栻教育思想之間的關係、張栻教育思想傳承及影響做了鋪墊。

3、李國鈞先生的《中國書院史》[4]，陳谷嘉、鄧洪波先生的《中國書院史資料》[5]，丁鋼、劉琪先生的《書院與國文化》[6]，陳元暉、尹德新、王炳照先生的《中國古代的書院制度》[7]，張正藩先生的《中國書院制度考略》[8]等著述對宋代書院的萌芽、書院的整體概況、書院的特點、書院的管理制度、書院的師生關係做了比較詳盡地說明，對研究從事書院教學的張栻來說，可以提供一條系統研究書院教學體系的渠道，為張栻書院教學的具象化展現與鮮活畫面的勾勒，提供了部分補充資料。

4、臺灣官志隆在碩士論文《宋代書院教育教材與教法》[9]中從古

---

[1] 劉哲明、朱與墨：〈張栻書院教育思想對湖南一師早期師範教育的影響〉，《船山學刊》2009年第3期。

[2] 姚豔霞：〈張栻主教岳麓書院的特點及其現代啟示〉，《大學教育科學》2006年第1期。

[3] 黃賜英：〈張栻主教岳麓書院啟示略談〉，《船山學刊》2002年第1期。

[4] 李國鈞：《中國書院史》，長沙：湖南教育出版社1998年版。

[5] 陳谷嘉、鄧洪波：《中國書院史資料》，杭州：浙江教育出版社1998年版。

[6] 丁鋼、劉琪：《書院與中國文化》，上海：上海教育出版社1992年版。

[7] 陳元暉、尹德新、王炳照：《中國古代的書院制度》，上海：上海教育出版社1981年版。

[8] 張正藩：《中國書院制度考略》，臺北：臺灣中華書局1984年版。

[9] 官志隆：《宋代書院教育教材與教法》，彰化師範大學2002年碩士論文。

代私人講學傳統談起,直到書院的起源、興起和類型。然後重點梳理了宋代書院的發展,分析了講學的內容、方法以及教材和教法。這些論文研究視角、研究方法比較新穎。尤其是教育教材方面的論述,給本書寫作提供了新的思考。

5、張栻在書院教學過程中,很重視學者對《詩經》的學習。葉文舉指出,張栻的《詩經》研究具有「六經注我」的色彩,部分解讀《詩經》的文字已經變成了他演繹自己理學思想的載體。他著力於《詩經》藝術性的分析,對《詩經》情感傳達的體悟、對賦比興及其他藝術手法的揣摩,都反映了其較高的文學品鑒力。[1]謝桃坊認為,張栻提倡學者之詩,主張寫實,興寄寓意,性情之正,以吟詠為學者之餘事而有所誡約。他的少數言理詩以表達治學與探究儒家義理的心得體會,在大量的寫景、登臨與酬贈之作中富於興寄與形象,以追求學理與人生的高遠的理想境界,而與朱熹的南嶽唱酬之詩結集而廣為流傳。[2]

綜上所述,相關論著主要是從狹義角度(即以教學為主線)或理學思想體系構成來研究或闡發張栻教育思想。筆者認為,這不能全面展現張栻教育思想之內涵。作為教育家、理學家、朝廷官員的張栻,他在教育教學、在為官生涯過程中,不斷傳達自己的治國憂民思想、人格修養思想與社會教化思想。從廣義角度出發,深入、系統地展開研究,才能體會張栻教育思想的時代價值、學術價值與社會價值所在。

---

[1] 葉文舉:〈再論張栻的《詩經》研究〉,《船山學刊》2023年第1期。

[2] 謝桃坊:〈張栻「學者之詩」發微〉,《中華文化論壇》2021年第3期。

三 創新點與難點

（一）創新點

1、力求對張栻教育思想進行比較全面的研究，以前學者主要從狹義層面對張栻教育思想進行研究，主要側重於他對學者的教育，而有關張栻對統治階層的勸告、百姓教化等方面關注程度不夠，研究也不深入。本書將從廣義教育層面出發，對張栻教育思想進行專門性、系統性研究，以求全面展示張栻教育思想的豐富內涵與鮮明的社會特色。

2、以教育受眾對象為切入點，對張栻教育思想進行審視和考察，從而突出其教育思想體系的層次感。

（二）難點

張栻作為南宋著名的理學家與教育家，其教育思想形成了比較豐富、完整的體系，全面論述教育思想體系既要從內容層面進行系統歸納與整理，又要從結構層面進行整體把握與分析，還要從教育思想的廣度與深度入手，進一步加強研究。囿於張栻所寫著作多且繁雜，有層次縷析清楚、解釋明白、分析到位，還有一定的難度。

第一章
張栻生活背景及教育思想形成條件

第一節　張栻生活背景概述

一　張栻生活的時代背景

　　張栻生活的時代，宋金戰爭不斷，主和派在朝中佔有重要地位；南宋經濟雖有一定程度的發展，農民負擔仍然很重；理學興盛，書院教育發達，科技有了一定的發展。生活在複雜社會環境下的張栻憂國憂民，通過經筵進講與上書奏章來向皇帝傳達「抗金救國」、「以民為本」、「實行仁政」等思想主張。南宋注重文教的氛圍一定程度上為張栻學術交流提供了便利條件，對其教育思想的傳播與完善產生了重要影響。

（一）政治方面

　　南宋建立後，與金朝的戰爭不斷。宋高宗趙構在位初期有意抗金，重用主戰派，以李綱為相、宗澤鎮守汴京。宋軍曾多次大敗金兵，令局面稍為穩定。但後來趙構抗金的決心不堅決，罷免了李綱、宗澤等人。紹興八年（1138）五月，高宗任命秦檜為右丞相，向金推行求和政策。一一三八年宋金初次協議，宋高宗以向金國納貢稱臣為代價，取回包含開封的河南、陝西之地，換回了東南半壁江山的統治權。紹興十年（1140）五月，金人再度撕毀和議南侵，金軍分三路大舉南侵，重佔北宋首都開封。宋軍在岳飛等抗金名將指揮下，宋朝軍

民抗戰英勇，金軍在川陝、兩淮的進攻皆告失敗。但此時高宗連下十二道金牌催促岳飛班師，北伐之功毀於一旦。紹興十一年（1141）十一月，宋與金於書面達成《紹興和議》，兩國以淮水—大散關為界，宋朝向金國納貢稱臣。

紹興卅二年（1162）孝宗即位後，改革朝政，平反岳飛冤獄，起用主戰派人士，銳意收復中原，重視農業生產。總體說來，宋朝的內政形勢有所改觀。隆興元年（1163）四月，孝宗令李顯忠、邵宏淵等出兵北伐，最後以失敗告終。之後，孝宗不得已與金和談。隆興二年（1164）十二月，宋、金正式簽定隆興和議，把原本向金稱臣改為叔侄關係，金為叔，宋為侄，金改詔表為國書，歲貢改為歲幣，減少貢獻，割讓秦州及商州，維持疆界。但孝宗仍然念念不忘恢復中原，繼續整頓軍備。不過由於虞允文等一批主戰派將領的辭世，最後北伐事業不了了之。

（二）經濟方面

南宋時期，水利田和梯田的開發，沿邊屯營田的開墾，擴大了農田面積。由於使用了新式農器，重視深耕細作，施用追肥和「靠田」技術，增加了土壤肥力，同時推廣復種制和稻麥雜糧套種制，從而大大提高了單位面積產量，南宋農業有了一定程度的發展。但當時土地買賣為盛行，「千年田換八百主」，租佃經濟成為農村最主要的經營方式。農民賦役負擔不斷加重，二稅之外有各種苛斂雜稅和附加，迫於生計的農民固守在土地上，對國家政治、鄉村教化仍持有漠然的態度。手工製造在南宋時期得到了新的發展，其中紡織業、造船業、制瓷業、造紙業、印刷業和火器製造業都取得了較大的進步。南宋詩人艾可叔的《木棉詩》曾記載：「車轉輕雷秋紡雪，弓變半月夜彈雲。夜裘卒歲吟翁暖，機杼終年織婦勤。」可以看出，當時已經有了房

車、彈弓、織機等工具，南宋的紡織業達到了較高水平。

南宋的商品經濟隨著國家政策的寬鬆與貿易的發展，出現了更為繁榮的局面。首先是紙幣的大量流通，它們在交子的基礎上進一步發展起來，圖案更加精美，防偽措施更加完善，逐漸代替銅錢成為主要交換手段。宋金兩國在淮河設置稱作「榷場」的貿易市場。除了榷場，民間的私下交易也較多。南宋時期指南針的廣泛應用，使航海技術跨入了海洋時代。南宋的遠洋商船航行於世界各地，所有貿易幾乎是經由海上絲綢之路，商業經濟是以遠洋貿易為主。

（三）文化教育方面

孝宗時期是南宋學術思想最為活躍的時代，由於政治比較清明，學術氛圍較為寬鬆，因而形成了有利於百家爭鳴、各學派自由發展的學術環境。[1]

1、南宋文化繁榮最突出的表現是理學興盛。理學產生於北宋，盛行於南宋與元、明時代，直到近代仍有較大影響。理學是中國古代哲學長期發展的結果，是北宋以後社會經濟政治發展的理論表現，其討論的問題主要有：本體論、心性論、認識論等各個方面。理學流派紛紜複雜，北宋中期有周敦頤的濂學、邵雍的象數學、張載的關學、二程的洛學，南宋時有朱熹的閩學、陸九淵兄弟的江西之學、以胡宏、張栻為代表的湖湘學派等。這些學派按其基本觀點和影響來分，主要有兩大派別：二程、朱熹為代表的程朱理學；陸九淵為代表的陸王心學。作為新的思想理論體系，在理學哲學認知方面、心性體察方面有自己獨特的看法，對當時社會的發展、強化封建禮教、維護宗法起過一定的作用。

1　陳振：《宋史》，上海：上海人民出版社2003年版，第592頁。

南宋理學興盛的主要表現是理學團隊實力雄厚，著作頗豐。北方理學的興起和發展受南宋理學的影響較大。一方面，北方文人編纂、翻刻南宋理學家著作，有位叫傅起的文人將張九成《論語解》、《孟子傳》、《中庸說》、《大學說》等書經刪節後彙集成《道學發源》一書，以廣流傳。另一方面，一些北方學者開始撰寫理學類著作，表現出自己的思考。南宋理學之所以能在北方盛行一時，是因為它適應了金朝統治的需要。南宋理學家有關《論語》、《孟子》等儒家經典的闡釋，現實政治性相對較弱，與金朝統治者尊崇、提倡儒家經典的思想基本一致，如金世宗令人翻譯五經，要讓女真人「知仁義道德所在」，金熙宗本人「頗讀《論語》《尚書》《五代》諸書」。[1]在這樣的影響下，南宋理學的傳播有了更新的勢頭。

2、科技實力雄厚，促進新思想的形成和傳播。「由於南宋生產資料發生了新的變化，勞動對象在廣度和深度上都有了新的拓展，勞動者的知識素質與技能有了新的提高，南宋科技得到了進一步發展。」[2]其成就主要有：（1）農業技術理論方面有重大突破，代表作為陳旉的《農書》。（2）製造技術取得較高的成就，有色金屬的開採與冶煉技術達到了世界先進水平。（3）數學領域有巨大貢獻，數學家秦九韶的《數學九章》是其代表。南宋時期主要的科技思想有：呂本中的生態思想、陸九淵的數理思想、魏了翁的科技思想、陳旉的農學思想、范成大的區域地理思想等，這些科技思想活躍於南宋的政治、經濟、社會、文化等各個方面，推動了經濟的發展與社會的進步。（4）活字印刷術、指南針與火藥三大發明，在南宋時期獲得了進一步完善與發展。

3、書院教育發達，促進教育思想的傳播與融匯。書院是中國古代特有的教育組織形式，是相對獨立於官學之外的民間性學術研究和

1　（元）脫脫：《金史》，北京：中華書局1975年版，第77頁。
2　呂變庭：《南宋科技思想史研究》，北京：人民出版社2010年版，第3頁。

教育機構。隨著理學的興盛、科舉取士規模的擴大以及雕版印刷術的普及和應用，南宋成為古代書院產生和發展的重要時期。總計宋代書院共有三百九十七所，其中北宋約占百分之二十二，南宋約占百分之七十八，可見，南宋書院的發展速度與規模非常大。南宋書院的教學特點主要表現為：（1）教學方式上，南宋書院盛行會講制度，提倡百家爭鳴。（2）教學上實行門戶開放，師生眼界開闊。（3）學習以個人鑽研為主，師「示之於始而正之於終」。（4）師生關係融洽。百家爭鳴的學術氛圍、鑽研求理的研究方法、教學相長的學習習慣，對師生思想認知的拓展與自身修養的完善，均起到積極的促進作用。

二　家世背景

張栻出生在一個官宦世家，其一世祖至曾祖居要官，張弦封冀國公，至和元年（1054）知雷州。祖張咸，封雍國公，任宣德郎僉書劍南西川節度判官。父親張浚為政和八年（1118）進士，北宋末官至太常寺主簿；官位顯赫，後供職高宗、孝宗兩朝近四十年，曾率軍駐守川陝，痛擊金兵，威名顯赫。張浚曾受學於譙定，是程頤、蘇軾的再傳弟子，其門人有王十朋、楊萬里、王大寶等。張浚的生平事蹟可詳見朱熹所作的《魏國張公行狀》及楊萬里所作的《張魏公傳》。張浚在紹興元年（1131）率吳玠、吳璘大敗金軍於和尚原之後，於第二年（1132）奏迎太夫人（即張浚母）由綿竹家鄉來閬中軍中奉養，其妻也隨太夫人前往。紹興三年（1133）張栻即降生於閬中。

張栻一生的活動，大致可分為三個階段。第一階段，從紹興三年（1133）到乾道元年（1165），是張栻的少年、青年時期，這一時期他主要居家隨其父張浚受學，拜師求學和初期從政。第二階段，從乾道二年（1166）到淳熙元年（1174），是張栻的中年時期。這一時期

他主要在嶽麓、城南兩書院講學授徒，與理學家辯學，著書立說，豐富和完善自己的理學思想體系，其間也有短時從政。第三階段，從淳熙二年（1175）到淳熙七年（1180），是張栻一生的後期。這一時期他主要從政治國，傳播理學教育思想。

第二節　張栻教育思想形成之條件

一　家學薰陶——教育思想形成的源頭

張栻生於西蜀，長於南楚，從小跟隨父親在湖南、廣東等地居住。張栻在答陳平甫的信中說：「某自幼侍親來南，周旋三十餘年間，又且伏守墳墓於衡山之下，是以雖為蜀人，而不獲與蜀之士處。」[1]。紹興八年（1138），張栻六歲，隨父至永州（今湖南零陵）居住，隨父攻讀經學。《右文殿修撰張公神道碑》云：「生有異質，穎悟夙成，忠獻公愛之。自其幼學，而所以教者莫非忠孝仁義之實。」[2]張栻自幼在家中受到儒家忠、孝、仁、義的教育。紹興二十年至紹興三十年（1150-1160），張栻十八至二十八歲，隨父移居永州。這段時間，張栻從父學習儒家之道，並受到二程理學思想的薰陶。對於父親的教誨，張栻在給其弟所寫的《四益箴》中提到：「無益之言勿聽，無益之事勿為，無益之文勿觀，無益之友勿親。」[3]張栻父親以儒家思想作為教育藍本，在傳授教育思想之同時，又從言行舉止、待人接物、作詩論文等方面對張栻的日常生活規範與行為規則進行了潛移默化的教育。

1　（宋）張栻著，楊世文、王蓉貴點校：《張栻全集・答陳平甫》，長春：長春出版社1999年版，第910頁。

2　（宋）張栻：《張栻全集・右文殿修撰張公神道碑》，第1239頁。

3　（宋）張栻：《張栻全集・四益箴》，第1049頁。

張栻謹記父親的教誨:「『若古有訓,聽德惟聰。聞過以改,聞善以從。匪是之聞,則為無益。諂言溺心,奸言敗德。嗟哉勿忘,敬共朝夕。卓爾有定,聽斯不惑。朝夕之間,何莫非事。事所當事,是為君子……我觀昔人,敬戒無斁。以狎而比,以順而同。』」[1]在張栻看來,自己對自古傳承的經典著作與長輩的教誨,應用心傾聽、牢記於心。他認為,這些經典言論與教訓是規範自己行為的綱要,只有心平氣和,仔細品味,靜心琢磨,才能真正悟出其中的真諦。張栻在學習與日常生活中,以父親傳授學問、儒家經典為要,不斷加強自身的修養。可見,家學的薰陶是張栻教育思想形成之源頭。

二 受學拜師——教育思想形成的重要前提

一個人學問的增長不只是自學成才,教師在學者的成長過程中發揮著重要的作用。受學拜師是古代教育思想家教育思想形成的重要條件,張栻教育思想的形成與教師的教誨密不可分。他早年受學於王大寶、受學於胡宏,兩位老師的言傳身教促進了張栻教育思想的形成與發展。

(一)受學於王大寶

紹興十六年(1146),張栻十四歲,張浚謫居連州(今廣東連縣),張栻隨父居連州,從王大寶遊學。《宋史·王大寶傳》說:「王大寶,字符龜……建炎初,廷試第二,授南雄州教授……大寶知連州,張浚亦謫居,命其子栻與講學。」[2]南宋建炎二年(1128),王元龜中進士,南雄州教授,對儒學很有研究,著有《諫垣奏議》、《周易

---

[1] (宋)張栻:《張栻全集·四益箴》,第1049頁。
[2] (元)脫脫:《宋史·王大寶傳》,北京:中華書局1977年版,第12856頁。

證義》、《毛詩國風證義》、《詩解》、《王元龜遺文》等書。他係張栻之長輩，知識豐富，張栻在連州期間，多次向他請教，與他討論學問。張栻受學於王大寶，收穫頗多，奠定了自己思想體系基礎。《鶴林玉露·高宗卷紫岩》曾云：「宋高宗嘗問張魏公卿兒想甚長成。魏公對曰：『臣子栻年十四，脫然可悟聖人之道。』」[1]從這段話可以看出，當時張栻儒學基礎之深厚，一方面他自幼受家學的薰陶，打下了良好的基礎；另一方面，他在從師學習過程中，也得到了良好的教誨，豐富了自己的知識體系。

（二）受學於胡宏

胡宏（1105-1161）字仁仲，崇安（今武夷山市）人，南宋著名理學家，湖湘學派的代表人物，以父（胡安國）蔭補右承務郎。胡宏自幼從其父研習儒學，又在楊時和侯仲良那裡學習了二程理學，後來曾「優遊南山下餘二十年，玩心神明，不舍晝夜，力行所知，親切至到。析太極精微之蘊，窮皇王製作之端，綜事物於一原，貫古今於一息」，[2]其力學成就卓著。胡宏一生矢志於「道」，以振興「道」學為己任，其哲學以「性」、「道」為最高範疇。他說：「道學衰微，風教大頹，吾徒當以死自擔。」[3]全祖望對胡宏在儒學上的造詣十分推崇，認為「卒開湖湘之學統……中興諸儒所造，莫出五峰（胡宏）之上。」[4]胡宏不僅在學術上有比較突出的成就，還有強烈的愛國主義思想，力主抗金，不與秦檜交往。黃宗羲在《五峰學案》的按語中

---

1 （宋）羅大經著，王瑞來點校：《鶴林玉露·高宗卷紫岩》，北京：中華書局1997年版，第242頁。
2 （宋）張栻：《張栻全集·胡子知言序》，第755頁。
3 （清）黃宗羲（原著）、全祖望修，陳金生、梁運華點校：《宋元學案·五峰學案》，北京：中華書局1986年版，第1370頁。
4 （清）黃宗羲（原著）、全祖望修：《宋元學案·五峰學案》，第1366頁。

說：「文定（胡安國）以遊廣之薦，誤交秦檜，失知人之明。想先生兄弟竊所痛心，故顯與秦檜絕……先生初以蔭補承務郎，避檜不出，至檜死，被召以疾卒……其志昭然千古著見焉。」[1]其大節大義真如他自己所說：「身雖死而凜凜然長有生氣如在人間。」[2]胡宏對「道」學孜孜不倦的追求、強烈的愛國主義情懷，對張栻理學體系的形成、其抗金愛國思想在朝廷的傳播，產生重要影響。

紹興二十九年（1159），張栻聞五峰先生胡宏在衡山傳程顥、程頤之學，遂去信求教質疑。紹興三十一年（1161），張栻前往衡山拜胡宏為師，問詢二程之學。張栻後來說：「始時聞五峰胡先生之名，見其話言而心服之，時時以書質疑求益。辛巳之歲（1161），方獲拜于文定公書堂。先生顧其愚而誨之，所以長善救失，蓋有在言語之外者。然僅得一再見耳，而先生沒。」[3]張栻心誠求師，援疑質理，五峰先生傾心教誨，雙方受益良多。張栻在給胡大時（胡宏季子）的書信中也提及老師的教誨，他說：「某頃年編希顏錄，如莊子等諸書所載顏子事多削去，先生以書抵某云『其它諸說亦須玩味，於未精當中求精，當不可便容易指以為非而削之也。』此事是終身事，天地日月長久，今十有二年矣，愈覺斯言之有味。」[4]胡宏接受張栻為弟子後，即向他傳授理學思想，並十分欣賞張栻的學問。他在給孫正孺的信中說：「敬夫特訪陋居，一見真如故交，言氣契合，天下之英也。見其胸中甚正且大，日進不息，不可以淺局量也。河南之門，有人繼起，幸甚！幸甚！」[5]胡宏在遇到張栻後，深入切磋問題，廣泛交換

---

1 （清）黃宗羲（原著）、全祖望修：《宋元學案·五峰學案》，第1367頁。
2 （清）黃宗羲（原著）、全祖望修：《宋元學案·五峰學案》，第1369頁。
3 （宋）張栻：《張栻全集·答陳平甫》，第911頁。
4 （宋）張栻：《張栻全集·答胡季隨》，第902頁。
5 （宋）胡宏著，吳仁華點校：《胡宏集·知言》，北京：中華書局1987年版，第147頁。

意見，雙方在教學相長的氛圍中不斷啟迪對方的思想、拓展對方的見識。不幸的是，胡宏在接納張栻為弟子的當年即去世。張栻對老師的過世悲慟萬分，他說：「某所恨在先生門闌之日甚少，茲焉不得以所疑從容質叩於前，追悵何極！」[1]自此以後，他謹遵師遺教，「反之吾身」，漸漸積識義理之所存。師者，所以傳道授業解惑也。張栻受學於王大寶、拜胡宏為師，時間雖短，但他們的修身養性之法、思想體系的整合與完善對張栻教育思想的形成起了重要作用。

三　書院教學實踐——教育思想形成的必要過程

張栻教育思想形成離不開自身的努力，他對自身的反省、察識從不間斷。張栻說：「自惟不敏，雖有志于古道，而晨夕自省，矯偏救過之不暇。」[2]在他看來，只有鍥而不捨地修煉本身，才能臻進聖人之境界，這是向學者傳授教育思想的來源。紹興二十五年（1155），他著述《慇齋銘》，其文說：「士或志近，辯給智巧，學之不知，其器不小。天下之理，惟實為貴，實不在外，當慇乎己。不震不搖，物敦加之；以此操之，誰回不宜。」[3]此銘言簡意賅，志趣高遠，它不僅說明了湖湘學派以「實為貴」經世思想的重要性，而且還提出了重要的修身為學之方。學者潛移默化，牢記於心，定有收益。紹興二十九年（1159），張栻二十七歲，輯錄孔子大弟子顏淵的言行作《希顏錄》上下篇，「要摘錄引文」圖以顏淵為楷模，致知力行，求得孔子之道。

城南、嶽麓書院教學實踐是張栻教育思想形成的重要過程。辛巳

1　（宋）張栻：《張栻全集·胡伯逢》，第899頁。
2　（宋）張栻：《張栻全集·答宋教授》，第929頁。
3　（宋）張栻：《張栻全集·慇齋銘》，第1192頁。

之歲（1161年），張栻與父親張浚創辦城南書院。據《城南書院志·城南書院說略》載：「南軒先生為宋名儒，父紫岩（張浚）於紹興三十一年，以觀文殿大學士知潭州，先生隨侍，遂家焉。乃即妙高峰之陽，築城南書院，以待來學者。」[1]張栻跟隨父親張浚來到潭州，開始主辦城南書院。在城南書院的教學過程中，張栻教學方法獨特，影響深遠，使之成為「昔賢過化之地，蘭芷升庭，杞梓入室，則又湘中子弟爭來講學之區也。」[2]

乾道元年（1165），劉珙在鎮壓李金起義之後，即在潭州重修嶽麓書院，於次年建成。劉珙對張栻的學問一向敬佩，請他主教岳麓書院。張栻對劉珙重修書院之舉極為稱讚，作《潭州重修嶽麓書院記》，以揚厲其鴻儒之志。岳麓書院提倡宣傳理學思想、反對功名利祿之學，形成了具有自己學術特點的湖湘學派。張栻在城南、嶽麓兩書院講學授徒，傳道授業，他辦學的規模已超過當年胡宏主持的碧泉書院。南宋時期，湖南文化發展，人才之盛，實與張栻講學於城南、嶽麓兩書院分不開。黃宗羲評價說：「湖南一派，在當時為最盛。」[3]

為了精研儒家義理，傳播自己的教育思想，張栻鼓勵弟子門生質疑問難，教學時一般先由學生提出問題，然後他進行細緻地分析與闡發，或者先由學生闡發自己的見解，而後師生之間共同探討。這種教學相長的教育方式既有利於學生學識的增長與道德修養的加強，又有助於張栻教育思想的傳播與進一步完善。

在書院教學過程中，張栻還把教學活動與學術研究密切結合，著

---

[1] 余正煥、左輔、張亨嘉編撰，鄧洪波、梁洋、馬友斌校注：《城南書院志·城南書院說略》，長沙：嶽麓書社2012年版，第18頁。

[2] 余正煥、左輔、張亨嘉編撰，鄧洪波、梁洋、馬友斌校注：《城南書院志·城南書院說略》，第26頁。

[3] （清）黃宗羲（原著）、全祖望修：《宋元學案·南軒學案》，第1611頁。

書立說。乾道四年（1168），張栻講學於城南書院，作《講義發題》，以此作為書院的教材，後被編入《孟子說》為序。他於乾道九年（1173）先後寫成和最後改定了自己的代表著作《南軒論語解》和《南軒孟子說》。對此，張栻曾自述到：「歲在戊子，栻與二三學者講誦于長沙之家塾（城南書院），輒不自揆，綴所見為孟子說。」[1]《論語解》、《孟子說》就是張栻在書院教學時的講義輯錄而成。這兩部著作的完成標誌著張栻理學思想趨於成熟，也是其教育思想傳播的綱要。

四 友人之間的學術交往——教育思想形成不可缺少的因素

學術交往能使雙方的思想、觀點、學術見解得到溝通和交流，雙方學者經過交流各自取長補短、納優彌劣。張栻教育思想的形成離不開友人之間的學術交往。《易·兌》中說：「君子以朋友講習。」[2]這裡指出君子之間往來以講習學術、互相啟發為要。對於交友，張栻很是重視，他說：「朋友與君臣，父子，兄弟，夫婦同為大倫，天所敘也。自天子至於庶人，未有不須友而成者。」[3]張栻指出交友的益處是「在己而得他人指之，是助吾之所未及也[4]……多賢友，則足以賴輔成之功。」[5]在他看來，廣交朋友，可以幫助自己改正不足之處，開拓自己的成長空間，有利於自己的進步與更大發展。同時，張栻也強調交友的原則性：1、慎重擇友，他說：「取友之道貴乎端。雖然，

---

[1] （宋）張栻：《張栻全集·孟子說序》，第239頁。
[2] 《十三經注疏·易·兌》，北京：中華書局1979年版，第69頁。
[3] （宋）張栻：《張栻全集·孟子說》，第415頁。
[4] （宋）張栻：《張栻全集·孟子說》，第292頁。
[5] （宋）張栻：《張栻全集·論語解》，第211頁。

己必端人也，而後能取友。[1]……取友之道，不但取其如己者，又當友其勝己者。以友天下之士為未足，又尚論古之人，此取友之道也。若友不如己者，則足以惰志而害德矣。」[2]學者在擇友時要慎重入微，選擇優於自身的朋友，有助於自己取得更大的進步。如果選擇不如自己的朋友，往往會增強自身的惰性，非順天理而行，損害自己的修行。2、張栻要求學者以「信」交友，說到：「為人謀而有不忠，處於己者不盡也，與朋友交而不信，施於彼者不實也[3]……交朋友而言有信，是人也，可謂忠信篤實者矣。」[4]張栻認為以「信」交友則為「實」，朋友之間交往無「信」則無道可行，無道則失去了做人的根本，長久以往，定會對自身修養造成隱患。3、勸告友人要適度，張栻說：「忠告者，有不善則告之而無隱也；善道者，以善誘掖之也。斯二者，亦足以盡友道矣。苟其不以為可則止焉，蓋友以義合者也，故不可則有止之義。若強聒焉，非徒無益，反以自辱，傷友道矣。」[5]張栻指出，勸告朋友應以坦誠為要，見其不善應勸其改正，見其善道，應引領踏入。這樣足以盡朋友之道。學者告誡朋友不以正道引導，強行改變別人的意志，終不能深入別人內心，也不能取得良好的勸誡效果。

　　張栻學術交友範圍十分廣泛，其中與朱熹、呂祖謙等人交往比較頻繁，他們三人或談經論典，或鑽研哲理，或品味人生。在議論與闡發義理的過程中，三人的理學知識體系逐步得以豐富，他們對張栻教育思想的進一步完善，起到了重要的作用。現將張栻與朱熹、呂祖謙的學術交往情況簡述如下：

1　（宋）張栻：《張栻全集·孟子說》，第383頁。
2　（宋）張栻：《張栻全集·論語解》，第70頁。
3　（宋）張栻：《張栻全集·論語解》，第69頁。
4　（宋）張栻：《張栻全集·論語解》，第70頁。
5　（宋）張栻：《張栻全集·論語解》，第172頁。

（一）張栻與朱熹之間的交往

朱熹（1130-1200）字符晦，號晦庵。南宋著名的理學家、思想家、哲學家、教育家、詩人、閩學派的代表人物。朱熹十九歲進士及第，曾任荊湖南路安撫使，仕至寶文閣待制。他為政期間，申敕令、懲奸吏、治績顯赫。在學術研究方面，朱熹對於經學、史學、佛學、道教以及自然科學，都有所涉獵或有著述，著作廣博宏富，是孔孟以來傑出的弘揚儒學大師。

隆興元年（1163），張栻與朱熹首次相見。朱熹稱：「上初召魏公，先召南軒來。某亦赴召至行在，語南軒云：湯進之不去，事不可為。」[1]對於初次見面，張栻給朱熹留下了很深的印象。

隆興元年（1164）八月辛巳，張浚病逝。逝世後，張栻護喪歸潭州，乘舟行至豫章（今江西南昌）。朱熹登舟哭之，從豫章上船，送至豐城下船，朱熹與張栻作三日談，這是兩位理學家的第二次會面。二人從此建立了深厚的友誼，經常書鴻往來，討論心性和「已發未發」的問題。其中相互往來的書信，收入兩人文集的，就達一百數十件之多。張栻幫助朱熹進一步理解了李侗學問中的一些疑難之處。朱熹後來回憶說：「九月廿日至豫章，及魏公之舟而哭之⋯⋯自豫章送至豐城，舟中與欽夫得三日之款，其名質甚敏，學問甚正[2]⋯⋯時得敬夫書問，往來講究此道。近方覺有脫然處，潛味之久，益覺日前所聞于西林（指延平西林寺，即朱熹求教李侗時所寓之所）而未之契者，皆不我欺，幸甚幸甚，恨未得質之！」[3]朱熹稱讚張栻學識淵博、學問篤實，對於道學的相關問題有自己獨到的見解與闡發依據，

---

[1]（宋）黎靖德著，王星賢點校：《朱子語類》，北京：中華書局1994年版，第2608頁。
[2]（宋）朱熹著，尹波，郭齊點校：《朱熹集‧續集‧答羅參議》，成都：四川教育出版社1997年版，第5236頁。
[3]（宋）朱熹著：《朱熹集‧續集‧答羅參議》，第5238頁。

值得欽佩。張栻在與朱熹的交談過程中，也被他廣博的知識體系、寬厚的理學理論視野所深深地折服。

乾道三年（1167），張栻三十五歲，主講岳麓、城南兩書院。朱熹在這一年與張栻第三次會面。朱熹抵達長沙時，受到張栻的熱情款待。朱熹在給曹晉叔的信中對張栻的學問十分讚歎：「熹此月（九月）八日抵長沙，今半月矣。荷敬夫愛予甚篤，相與講明其所未聞，日有問學之益，至幸至幸！敬夫學問愈高，所見卓然，議論出人意表，近讀其語說，不覺胸中灑然，誠可嘆服！」[1] 張、朱兩人對於太極、仁等理學重大理論問題，相互展開了激烈的爭論。「是時范念德侍行，嘗言二先生論中庸之義，三日夜而不能合。」[2] 雖然朱、張兩人同宗二程，學術分歧也有共同點，但朱熹的直接老師是李侗，而張栻卻以胡宏為師，儘管李侗、胡宏都是二程的後學，然而他們對二程學說的理解卻不盡一致，所以，朱、張兩人的觀點也有迥異的地方。兩人的辯學和討論，相互影響，在一定程度上有利於各自學術思想的發展。這次張栻、朱熹的「潭州嘉會」共兩個月時間，兩人相與講學於嶽麓、城南書院，附近的學者聞風而至，前來受學的人數很多，成為嶽麓書院史上的大事。史書曰：「昔日晦庵、南軒講學于嶽麓、城南兩書院間，士子振振嚮往以千數，時成潭州為鄒魯。」[3]

逗留兩月以後，朱熹準備離開長沙。在臨行之前，張栻邀請朱熹同登南嶽衡山。張朱游山時，正值寒冬，但他們詩興大發，與林用中一起，一路唱和，三人共作詩一百四十九首，由張栻作序，編為《南嶽唱酬集》行於世。張栻在《南嶽唱酬集序》中說：「大抵事無大小美惡，流而不返，皆足以喪志，於是始定要束，翼日當止。蓋有後事

---

[1] （宋）朱熹著：《朱熹集》，第1027頁。
[2] （清）王懋竑撰，何忠禮點校：《朱子年譜》，北京：中華書局1998年版，第32頁。
[3] 王雲五：《湖南通志・學校士・書院一》，上海：商務印書館1934年版，第221頁。

雖有可歌者，亦不復見於詩矣。嗟乎，覽是編者，其亦以吾三人者自儆乎哉！」[1]在他看來，文以記事，告知後者，學以立志，志定心安，方成大事，繼以保存，以彰後者。

乾道四年（1168），張栻為魏元履作《艮齋銘》。朱熹對張栻在《艮齋銘》中提出的先察識後存養，即先在自己的思想中尋找和發現善的苗頭，然後對此良心發見處加以培養擴充，體認性之大本的修養方法作了肯定，他在《答程允夫》的信中說：「去冬走湖湘，講論之益不少，……敬夫所見超詣卓然，非所可及。……如《艮齋銘》便是做工夫底節次。」[2]但不久朱熹又認為張栻先察識、後存養的方法不妥，其失在於超越次第，流於虛談。乾道五年（1169），張栻三十七歲，與朱熹繼續就未發、已發和省察、涵養之序的問題通過書信展開討論。理學家所看重的「己丑中和之悟」就是朱張二人交流的過程與實質。

乾道六年（1170），張栻三十八歲。朱熹將周敦頤的《太極圖》與《通書》合為一篇，題為《太極通書》。張栻為之題跋，並將《太極通書》刻於嚴州學宮以教學者。跋中稱：「天命流行之體無乎不在，文理密察，本末該貫，非闡微極幽，莫能識其指歸也。」[3]

後來，張栻寫的《主一箴》直接影響到朱熹，朱熹根據張栻的《主一箴》作《敬齋箴》，闡發自己的持敬理論，並於這年八月將自己過去與張栻討論《中庸》已發、未發和察識、涵養之序的往還書信彙編為《中和舊說》，並為之作序。序中朱熹檢討了自己過去的認識，並談到「己丑之悟」（1169）以後的新觀點，還稱張栻接受了朱熹「己丑之悟」後的新見解，「欽夫復書深以為然。」[4]張栻又在此年

1　（宋）張栻：《張栻全集·南嶽唱酬集序》，第764頁。
2　（宋）朱熹：《朱熹集·答程允夫》，第1912頁。
3　（宋）張栻：《張栻全集·通書後跋》，第1008頁。
4　（宋）朱熹：《朱熹集·中和舊說序》，第3949頁。

與呂祖謙等人討論存養、省察之功，認識到自己過去存養處不深厚的毛病，提出存養、省察相兼併進，與朱熹的思想基本傾向一致。

乾道九年（1173），朱熹於此時作《仁說》。張栻與朱熹書信往返，繼乾道三年兩人辯「仁」之後，又相與辯論仁說大意。其後，張栻乃改自撰的《仁說》。兩人的「仁」說理論在思想碰撞的過程中凸顯全面性與豐富性。

從以上內容可以看出，張栻與朱熹交往十分密切，他們通過見面切磋和書信往來討論學術問題，使各自的理學思想體系得到進一步完善。張栻對朱熹的評價是：「元晦卓然特立，真金石之友也。」[1]對其著作，也是一番褒揚，說到：「章句序文理暢達，誦繹再四，恨未見新書體制耳……近思錄誠為有益於學者之近思[2]……語說薦荷指論，極為開警[3]……論語章句精確簡嚴，足以詔後學。[4]」張栻指出，朱熹的文章文理暢達，語言通透，富於警示，他把朱熹看成是有真知灼見的益友，長久為談，終身受益。他們之間的學術交往對於張栻文章的寫作、教育思想認知的拓展與完善起到了十分重要的作用。

(二) 張栻與呂祖謙的學術來往

呂祖謙（1137-1181）字伯恭，壽州（今安徽鳳台）人，生於婺州（今浙江金華），人稱東萊先生，與朱熹、張栻齊名，同被尊為「東南三賢」，是南宋時期著名的理學大家之一。他所創立的「婺學」，也是當時頗具影響的學派之一。呂祖謙的人格以淳厚、篤實、寬平為特色，其人格特徵又影響了其學術的進步與發展。黃宗羲說：「小東萊之學，

1　（宋）張栻：《張栻全集・答陸子壽》，第920頁。
2　（宋）張栻：《張栻全集・答朱元晦》，第879頁。
3　（宋）張栻：《張栻全集・答朱元晦》，第882頁。
4　（宋）張栻：《張栻全集・答朱元晦》，第883頁。

平心易氣，不欲逞口舌以與諸公角，大約在陶鑄同類以漸紀其偏，宰相之量也。」[1]呂祖謙學問表現出泛觀廣接、兼取其長，具有渾厚、包容、雜博、開放的氣象。全祖望很能發現他為學的特點，說到：「宋乾、淳以後，學派分而為三：朱學也，呂學也，陸學也。三家同時，皆不甚合。朱學以格物致知，陸學以明心，呂學則兼取其長，而復以中原文獻之統潤色之。門庭徑路雖別，要其歸宿于聖人則一也。」[2]

乾道五年（1169），由劉珙薦舉，張栻除知撫州，未上，改知嚴州（今浙江建德）。呂祖謙也於當年出任嚴州教授。兩人關係密切，相與論學。呂祖謙從經傳中輯錄關於父子兄弟夫婦人倫之道的內容，編為《閫範》一書，張栻為之作序，在序中寫到：「某謂此書行於世，家當藏之，而人當學之也。」[3]以此宣傳理學的人道思想。張栻對於呂祖謙的扎實為學很是讚賞，在給呂的書信中說到：「所示讀書次第皆著實[4]……來書所自，察向來之私……可見察之之精。」[5]張栻與呂祖謙雖是好友，但在學術上有同有異。對於呂祖謙的學術，張栻認為：「惟析夫義理之微，致察於物情之細，每存正大之體，尤防己意之偏，擴而充之，則幸甚幸甚！」[6]此言呂學未能深察「義理之微」、「物情之細」，於「存正大之體」、「防己意之偏」亦尚存不足。對於呂祖謙的為人處事，張栻亦有微詞，他說：「大抵老兄平日似于果斷有所未足，時有牽滯，流於姑息之弊，雖是過於厚，傷於慈，為君子之過，然在他人視我，則觀過可以知仁，在我自檢點，則終是偏

1　（清）黃宗羲（原著），全祖望修：《宋元學案·東萊學案》，第1653頁。
2　（清）黃宗羲（原著）、全祖望修：《宋元學案·東萊學案》，第1653頁。
3　（宋）張栻：《張栻全集·閫範序》，第750頁。
4　（宋）張栻：《張栻全集·寄呂伯恭》，第891頁。
5　（宋）張栻：《張栻全集·寄呂伯恭》，第893頁。
6　（宋）張栻：《張栻全集·寄呂伯恭》，第891頁。

處。仁義之道常相須，若於義不足，則所謂仁者亦失其正矣。」[1]這段文字是對伯恭人格品性的評價，指出伯恭「過於厚」、「傷於慈」，仁有餘而義不足，又使義之不足而使仁失其正。張栻對呂祖謙的中肯評價，也是對加強自身道德修養的警醒。張栻先呂祖謙一年去世。呂祖謙痛失知己，病中撰文祭之。祭文歷數與張栻的交往和自己由此得到的啟迪。文中寫到：「昔者某以郡文學事公于嚴陵，聲同氣合，契逆無間，自是以來，一紀之間面請書請，區區一得之慮，有時自以為過公矣，及聞公之論，綱舉領挈，明白嚴正，無繳繞回互激發偏倚之病，然後釋然心悅，爽然自失，邈然始知其不可及。此某所以願終身事公而不去者也。……與公合堂同席之際，傾倒肺腑，無所留藏。」[2]以上祭文真實地反映了呂祖謙與張栻之間交往的動人情誼。呂祖謙認為，張栻的文章提綱挈領，字詞達意，深邃洞理，與其交談，心明理透，有待深琢。從呂祖謙的話語可見，張栻的理學思想得到不斷進步與發展，其思想認知也隨之昇華到一個新的境界。

（三）張栻與其他講友的學術往來

除了與朱熹、呂祖謙學術交往之外，張栻的學術講友還有很多，現將張栻與其他講友的交往情況介紹如下：

1、與趙汝愚的學術來往：趙汝愚（1140-1196），字子直，饒州餘干人，少年勤學有大志，曾說：「大丈夫留得汗青一幅紙，始不負此生，」孝宗乾道二年（1166），考中進士第一，授秘書省正字，遷著作郎，知信州、台州。改任江西轉運判官，後入朝為吏部郎兼太子侍講，遷秘書少監兼代給事中。《宋史‧趙汝愚傳》提到：「汝愚學務

---

1 （宋）張栻：《張栻全集‧寄呂伯恭》，第895頁。
2 （宋）呂祖謙著，黃靈庚、吳戰壘主編：《呂祖謙全集‧與張荊州》，杭州：浙江古籍出版社2007年版，第394頁。

有用，常以司馬光、富弼、韓琦、范仲淹自期。凡平昔所聞于師友，如張栻、朱熹、呂祖謙、汪應辰、王十朋⋯⋯所著詩文十五卷、《太祖實錄舉要》若干卷、《類宋朝諸臣奏議》三百卷。」[1]從記述可知，汝愚學實務用，交友廣泛。張栻與趙汝愚有學術的交流與思想的探討，這對張栻思想體系的進一步完善有推動作用。

2、與潘時之間的學術來往：據《宋元學案・元城學案》載，「潘時，字德鄜，金華人。父良佐，始以儒學教授，諸弟皆從受學⋯⋯先生生穎悟，少長，莊重如成人⋯⋯中年游張敬夫（即張栻）、呂伯恭間，切劘不倦。晚歲讀書，厲志彌篤。其治郡皆有成績，⋯⋯所至必問人材，興學校。」[2]

3、與吳松年之間的學術來往：據《宋元學案・周許諸儒學案》載，「吳松年，字公叔，湛然先生表臣子也。少年工于文，時以為有孫覿、汪藻之風。張忠獻公（即張栻的父親）謂之曰：『士當為有用之學，不必苦心詞章。』因令與其子敬夫（即張栻）遊⋯⋯暇則之學宮，與諸生講經義。」[3]

4、與張傑之間的學術來往：據《宋元學案・玉山學案》載，「張傑，字孟遠，衢州人也⋯⋯先生明雋閎達，才氣橫厲。嘗游張魏公（即張栻的父親）之門，魏公奇之。乾、淳間，遍與張（即張栻）、朱、呂三公交，而師事者為玉山。觀東萊所以稱先生，其人大類同甫一流。」[4]

5、與陳傅良之間的學術來往：據《宋史・陳傅良傳》載，「陳傅良，字君舉，溫州瑞安人。初患科舉程文之弊，思出其說為文章，自

1　（元）脫脫：《宋史・趙汝愚傳》，北京：中華書局1977年版，第11989頁。
2　（清）黃宗羲（原著）、全祖望修：《宋元學案・元城學案》，第843頁。
3　（清）黃宗羲（原著）、全祖望修：《宋元學案・周許諸儒學案》，第1151頁。
4　（清）黃宗羲（原著）、全祖望修：《宋元學案・玉山學案》，第1462頁。

成一家，人爭傳誦，從者雲合，由是其文擅當世……及入太學，與廣漢張栻、東萊呂祖謙友善。祖謙為言本朝文獻相承條序，而「主敬集義」之功得於栻為多。自是四方受業者愈眾。」[1]

6、與胡大本之間的學術來往：據《宋元學案·五峰學案》載，「胡大本，字季立，茅堂次子，伯逢弟也。與南軒（即張栻）共學于嶽麓。」[2]

7、與張𡩋之間的學術來往：據《宋元學案·嶽麓諸儒學案》載，「張𡩋，字子文，泉州人。父寓，知臨江軍，嘗與南軒（即張栻）共學，遣先生從之游。」[3]

8、與呂陟之間的學術來往：據《宋元學案·南軒學案》載，「呂陟，字升卿，零陵人也，累官監司，與軒（即張栻）遊，而受知於誠齋。」[4]

張栻在書院教學、地方為官過程中，不斷與講友、學侶、同調討論和切磋問題，他們對儒家思想與理學思想的部分問題，發表自己的言論，闡述自己的看法，充分吸收他人觀點的同時，完善自己的思想體系與認知，有助於教育思想的進一步成熟。

淳熙七年（1180）二月六日，詔張栻以右文殿修撰提舉武夷山沖佑觀。詔書未到，張栻卻先於二月二日因病卒於江陵府舍，終年四十八歲。對張栻之死，朱熹、呂祖謙極為悲痛。然而呂祖謙為了表達對張栻的悼念之情，以極大的毅力寫了很真切的祭文，說到：「雖病中語言無次序，然卻無一字妝點做造也。」[5]此語是呂祖謙內心情感的

1　（元）脫脫：《宋史·陳傅良傳》，北京：中華書局1977年版，第12886頁。
2　（清）黃宗羲（原著）、全祖望修：《宋元學案·五峰學案》，第1387頁。
3　（清）黃宗羲（原著）、全祖望修：《宋元學案·岳麓諸儒學案》，第2384頁。
4　（清）黃宗羲（原著）、全祖望修：《宋元學案·南軒學案》，第1637頁。
5　（清）黃宗羲（原著）、全祖望修：《宋元學案·南軒學案》，第1637頁。

流露。朱熹則為之失聲痛哭，並懷著深厚的感情為張栻撰寫了《右文殿修撰張公神道碑》，極力表揚張栻的理學思想及他的為人之道。並說：「熹與友書，謂為吾道益孤。」[1]

張栻死後，其弟張杓扶柩歸葬。當張栻的靈柩從江陵運出時，當地百姓挽車號哭，悲哀之聲數十里不絕。孝宗皇帝聞訃後，「亦深為嗟悼」[2]，各地賢士大夫紛紛揮淚致哀，而張栻治理過的靜江百姓「哭之尤哀」。這表明當世人對張栻的崇敬之情。

宋甯宗嘉定間（1208-1244）追賜諡宣，理宗淳祐初年（1241-1252）詔從祀孔子廟。景定二年（1261）封華陽伯，從祀孔廟。

張栻一生所著甚豐，有《南軒文集》四十八卷、《論語解》十卷、《孟子說》十七卷、《通鑒論篤》四卷、《太極圖說》、《洙泗言仁》、《諸葛忠武侯傳》、《經世紀年》等刊行於世。已佚著作：《書說》，《經世紀年》一卷，《希顏錄》上下篇，《洙泗言仁說》，《太極圖說》。其理學思想的研究，連理學大家朱熹也自愧不如，曾說：「己之學乃銖積寸累而成，如敬夫，則如大本卓然先有見者也。」[3]

張栻現存主要著作一覽表：

著作年份	著作名稱	備註
紹興十六年（1146）	「連州八景」詩	對連州地區的景色進行了細緻的描述，字裡行間流露出對家鄉的熱愛之情。
紹興二十五年（1155）	《毊齋銘》	《毊齋銘》標誌著張栻理學思想的初步形成。

1　（宋）張栻：《張栻全集・右文殿修撰張公神道碑》，第1242頁。
2　（元）脫脫：《宋史・張栻傳》，第12774頁。
3　（元）脫脫：《宋史・張栻傳》，第12775頁。

著作年份	著作名稱	備註
乾道二年（1166）	《潭州重修嶽麓書院記》	確定嶽麓書院培養人才的基本大綱，對書院教育有著重大影響。
乾道二年（1166）	《城南雜詠》二十首	在城南書院任教時所作，對城南書院周圍的景色進行了細緻描述。
乾道二年（1166）	《諸葛忠武侯傳》《經世紀年》《南嶽倡酬集》	《諸葛忠武侯傳》對諸葛亮給予了極高的評價。
乾道四年（1168）	《郴州學記》、《孟子說》序《艮齋銘》、《敬齋銘》、《閫範序》	其中《敬齋銘》闡述了張栻「居敬」的核心思想
乾道五年（1169）	《桂陽軍學記》	《桂陽軍學記》闡述了張栻的教育思想。
乾道六年（1170）	《靜江府學記》《太極通書》序	
乾道七年（1171）	《洙泗言仁序》、《主一箴》	在《主一箴》中，張栻闡述了「主一」是「居敬」的主要方法。
乾道八年（1172）	作《四益箴》、《尊美堂記》。並為十三年前所作的《希顏錄》題跋。為朱熹作《中和舊說序》。	《四益箴》有張浚對張栻兄弟的教誨。在《希顏錄》中，張栻表達了向聖人學習的決心。
乾道九年（1173）	《南軒書說》、《論語解》、《孟子說》完成初稿。改定自撰的《仁說》。	這一年著作成果顯著，其中《仁說》標誌著張栻仁學思想的形成。《論語解》、《孟子說》的改定完成標誌著張栻理學思想趨於成熟。

著作年份	著作名稱	備註
淳熙元年（1174）	《江陵府松滋縣學記》《邵州復舊學記》	
淳熙二年（1175）	《韶州濂溪周先生祠堂記》、《無倦齋記》	其中《韶州濂溪周先生祠堂記》中對周敦頤開創道統的貢獻進行褒揚。
淳熙三年（1176）	胡大時輯其父胡宏的詩文為《五峰集》，張栻為之作序。	《五峰集》序中對胡宏的學術貢獻做了肯定。
淳熙四年（1177）	《雷州學記》《欽州學記》	
淳熙五年（1178）	《袁州學記》《道州重建濂溪周先生祠堂記》	
淳熙六年（1179）	《南康軍新立濂溪祠記》	

第二章
張栻「護國興邦」教育思想的傳播

張栻生活的時代內憂外患,動盪不安。外有金兵入侵,抗金恢復中原成為時代的呼聲。南宋時期,國內經濟雖有一定的發展,但農民負擔仍然很重。在這種複雜的社會環境中,張栻在熟讀儒家經典書籍的基礎上,不斷總結歷代帝王治理國家總以「教學為先」的經驗,通過經筵進講與上書奏章,向皇帝闡明「修身、務學、畏天、恤民、抗擊金朝、重稼穡、任用賢人」等治國方略與想法。張栻的這些疏奏得到了宋孝宗的重視。在他從政不到一年時間裡,竟被孝宗召見達六七次之多。

第一節　張栻「護國興邦」教育思想傳播的前提

一　恪守三綱五常、忠於君主

三綱五常是通過設定名份來教化天下,以維護社會的倫理綱常與政治制度。它不僅是中國倫理文化中的架構,也是儒家政治思想的重要組成部分。三綱、五常雖見西漢董仲舒的《春秋繁露》一書,但思想淵源卻要追溯於孔子。《論語・為政》中:「殷因于夏禮,所損益可知也。周因于殷禮,所損益可知也。」[1]何晏在集解中:「馬融曰:『所因,謂三綱五常也。』」夏商周時期的禮治是國家發展的綱領,

---

[1]　《十三經注疏・論語・子路》,北京:中華書局1979年版,第2507頁。

其中三綱五常占綱領內容的核心位置，發揮著規範國家治理秩序、教化百姓、滌化風氣的重要作用。

張栻自幼受儒家思想的薰陶，重視三綱五常在國家治理過程中的作用，他說：「為國有大幾，大幾一失，則其弊隨起而不可禁。所謂大幾，三綱之所存是也[1]……蓋三綱五常，人之類所賴以生，而國之所以為國者也。」[2]三綱五常作為中國古代社會統治的基本理論，為歷代君主所維護和提倡。從論述中可以看出，張栻把三綱五常看作國家存在的綱要，肯定它們在維護社會秩序、規範人際關係、穩定國家統治等方面發揮的重要作用。國家治理在三綱五常的規範與指導下，減少弊端，避免罹患，更有助於統治秩序的穩固。

《易‧序卦》中說到：「有父子，然後有君臣；有君臣，然後有上下。」[3]在這裡強調君為臣綱。自秦漢以來，大臣們常在皇帝面前以「犬馬」自稱來表達對君主的忠誠。《漢書‧汲黯傳》說到：「臣常有狗馬之心，今病，力不能任郡事。臣願為中郎，出入禁闥，補過拾遺，臣之願也。」[4]此處的「狗馬之心」，並非責罵之辭，也不帶有絲毫的貶義，而是指近距離報效皇帝的一腔忠誠熱血。在古代社會裡，「君為臣綱」成為士大夫在朝行為舉止的準繩。如果有臣子背叛君主，就會被指責為「不如犬馬」。張栻恪守三綱五常的首要表現是忠於君主的指令。

張栻認為，臣子對待君主要「盡誠而不欺，犯顏而納忠……勿欺其本也。」[5]臣子對待自己的君主要竭誠盡忠，重要的是不能以花言

1　（宋）張栻：《張栻全集‧晉元帝中興得失》，第799頁。
2　（宋）張栻：《張栻全集‧孟子說》，第347頁。
3　《十三經注疏‧易序‧卦》，北京：中華書局1979年版，第96頁。
4　（東漢）班固：《漢書‧汲黯傳》，北京：中華書局1962年版，第2321頁。
5　（宋）張栻：《張栻全集‧論語解》，第188頁。

巧語來騙取君王的暫時信任，那樣既不能得到君王的信賴，也對國家秩序的規範化帶來不利的影響。他說：「君臣之義，要須自盡，積其誠意，庶幾感通。是間若有一絲毫未盡，則誠意已分，烏能有動乎？」[1]從張栻所寫的〈到任謝表〉中，也能體會到對君主的一片忠心，文中寫到：「茲蓋伏遇皇帝陛下明並日中，仁同天大。念臣服於先訓，亦有意於捐軀；謂臣守其愚忠，或可望以立事。肆加明試，不忍遐遺。臣敢不務集眾思，勉圖來效。事君以勿欺為主，期利害之實聞，禦侮以得民為先，當本根之力護。」[2]張栻出入朝廷，意將生死置之度外，愚忠以報恩情，做事以達貴誠，他把自己的生命與國家的興衰聯繫在一起，同時勸誡君主不要忘記收復中原，不要忘記百姓的根基力量。張栻的忠君不僅是向君主表達自己的忠心，另一方面就是當統治者有過失時，要進行勸諫。他說：「君所專而不得諫，在下位則可，非為大臣與任事者沒也……王有缺德，朝有缺政，士師所當言也。」[3]在朝期間，張栻每遇君臣問對時，並不投人主之所好，他以事情發展的曲直為準繩，不視君主之臉色行事，敢於「犯顏直諫」。恪守三綱五常、忠於君主是張栻教育思想能夠在統治階層傳播的前提條件之一。

二　宋孝宗虛心納諫

　　宋孝宗趙昚（1127-1194）名伯琮，後改名瑗，字符永，宋太祖七世孫，南宋第二位皇帝，在位二十七年。宋孝宗在位期間，平反岳飛冤獄，起用主戰派人士，銳意收復中原。在內政上，孝宗積極整頓

1　（宋）張栻：《張栻全集·答朱元晦秘書》，第842頁。
2　（宋）張栻：《張栻全集·江陵到任謝表》，第660頁。
3　（宋）張栻：《張栻全集·孟子說》，第300頁。

吏治，裁汰冗官，懲治貪污，加強中央集權，政治比較清明；他重視農業生產，經濟有了一定程度的發展。宋孝宗在位期間社會穩定，文化昌盛，宋朝進入到一個相對興盛時期，史稱「乾淳之治」，宋孝宗被普遍認為是南宋最傑出的皇帝。《宋史‧孝宗本紀》對其評價：

> 高宗以公天下之心，擇太祖之後而立之，乃得孝宗之賢，聰明英毅，卓然為南渡諸帝之稱首，可謂難矣哉。即位之初，銳志恢復，符離邂逅失利，重違高宗之命，不輕出師，又值金世宗之立，金國奔馳，無釁可乘，然易表稱書，改臣稱姪，減去歲幣，以定鄰好，金人易宋之心，至是亦寢異於前日矣。故世宗每戒群臣積錢谷，謹邊備，必曰：「吾恐宋人之和，終不可恃。」蓋亦忌帝之將有為也。天厭南北之兵，欲休民生，故帝用兵之意弗遂而終焉……宋之廟號，若仁宗之為「仁」，孝宗之為「孝」，其無愧焉，其無愧焉！[1]

宋孝宗銳意恢復中原，謹防邊界，與民休息，對國家的安定與百姓的樂業做出了突出的貢獻。對於張栻的犯顏直諫，孝宗能夠以國家大局為重，虛心接受。據《宋史‧張栻傳》載：

> 栻為人表裡洞然，勇於從義，無毫髮滯吝。每進對，必自盟於心，不可以人主意悅輒有所隨順。孝宗嘗言伏節死義之臣難得，栻對：「當于犯顏敢諫中求之。若平時不能犯顏敢諫，他日何望其伏節死義？」孝宗又言難得辦事之臣，栻對：「陛下當求曉事之臣，不當求辦事之臣。若但求辦事之臣，則他日敗

---

[1] （元）脫脫：《宋史‧孝宗本紀》，第692頁。

陛下事者，未必非此人也。」栻自言：「前後奏對忤上旨雖多，而上每念之，未嘗加怒者，所謂可以理奪云爾。」[1]

從上面問對之中，可以看出張栻是敢於提出自己意見的人，他從護國興邦的角度出發，大膽說出自己的治國建議與想法，告訴宋孝宗應諫納曉事之臣，運籌帷幄，國家的治理方案方可更加明朗與清晰，才能贏取更多人的擁護。張栻向孝宗提出意見，這不僅是他忠君愛國的表現，也體現了他教行一致、言行為一的內在品行。在多次問對中，孝宗為他的忠義所感動，賜手書進行褒獎。正是由於孝宗的虛懷若谷、虛心納諫，張栻教育思想才得以在統治階層傳播。

第二節　仕途從政──教育思想傳播的主要途徑

隆興元年（1163），張栻以蔭補官，避宣撫司都督府書寫機宜文字，除直秘閣。這時孝宗新即位，張浚被任為樞密使，開府治戎，率師北伐。張栻以年少周旋於幕府之中，內贊密謀，以參庶務。在此之前，張栻始見得宋孝宗。他進言說：「陛下上念宗社之仇恥，下閔中原之塗炭，惕然於中而思有以振之。臣謂此心之發即天理之所存也。誠願益加省察而稽古親賢以自輔焉，無使其或少息也。則不惟今日之功可以必成，而千古因循之弊亦庶乎其可革矣。」[2]張栻告知孝宗，不要忘記國家的恥辱，重振中原之氣，這是順應天道的表現。君王親賢遠惡，關心百姓的疾苦，日精月華，方能真正成就恢弘之氣。孝宗感覺張栻的進言真灼有力，說到自己的心坎上，對他的見解很是佩

1　（元）脫脫：《宋史·張栻傳》，第12774頁。
2　（元）脫脫：《宋史·張栻傳》，第12775頁。

服,「異其言,於是遂定君臣之契」。[1]這是張栻從政的開始,也是他在統治階層傳播「護國興邦」教育思想的開端。張栻對君主的治國思想傳授內容主要包括主張抗金救國、施行仁政、選賢任能等幾方面的內容。

一 主張抗金救國

隆興二年(1164),張浚因北伐失利被免職,行至餘干去世。朝廷內主和派又占上風。張栻乃上疏反對罷兵言和,堅持抗戰,恢復中原。疏言:

> 自古為國,必有大綱,復仇之義,今日之大綱也[2]……吾與金人有不共戴天之仇,異時朝廷雖嘗興縞素之師,然旋遣玉帛之使,是以講和之念未忘於胸中,而至忱惻怛之心無以感格于天人之際,此所以事屢敗而功不成也。今雖重為群邪所誤,以蹙國而召寇,然亦安知非天欲以是開聖心哉。謂宜深察此理,使吾胸中了然無纖芥之惑,然後明詔中外,公行賞罰,以快軍民之憤,則人心悅,士氣充,而敵不難禦矣。[3]

國之盛衰,匹夫有責。愛國主義情懷在南宋士人心中留下了深深的烙印。張栻指出,宋朝抗金之所以屢遭失敗,是因為朝廷的抗戰決心不堅定。君主抗戰不定,左右徘徊,人心紛亂,這是抗金戰爭不能取勝的主要原因,這也是逆天理而行的表現。如果統治者能夠堅定抗

1　(元)脫脫:《宋史・張栻傳》,第12774頁。
2　(宋)張栻:《張栻全集・跋戊午讜議》,第1017頁。
3　(元)脫脫:《宋史・張栻傳》,第12774頁。

金的決心,內外一致、軍民同心,勝利就在前方。張栻的主戰,同那些不切實際空喊抗金或寄希望於僥倖取勝者不同。他認為要取得抗金戰爭的勝利,必須增強自己的實力,要「修德任賢」、「專務自強」,其關鍵是得民心,他說:

> 復仇之義固其大綱,而施為舉措之間,貴乎曲盡。修德、任賢、立政,又復仇之大綱也[1]……夫欲複中原之地,先有以得中原之心,欲得中原之心,先有以得吾民之心。求所以得吾民之心者,豈有他哉?不盡其力,不傷其財而已矣。今日之事,固當以明大義、正人心為本。然其所施有先後,則其緩急不可以不詳;所務有名實,則其取捨不可以不審,此又明主所宜深察也……繼今以往,益堅此志,誓不言和,專務自強,雖折不撓,使此心純一,貫徹上下,則遲以歲月,亦何功之不濟哉?[2]

張栻的戰略思想,從根本上考慮問題,解決問題。他不單純從軍事上考慮,不是盲目的種族歧視。張栻認為,抗金救國需要人民的支持,而要得到人民的支持,就必須愛護民力,保證百姓生活的安定。反之,統治者與民為困,勞累人民,怨氣載道,大後方不穩,抗金復仇趨於紙談。由此可見,張栻提出「明大義,得民心」的建議是很有卓識遠見的,這給統治者主張抗金、收復中原奠定了堅實的思想基礎。

乾道六年(1170),虞允文自認為敵人勢力很弱,建議強攻金國,「士大夫有憂其無備而召兵者,輒斥去之。」[3]獨張栻不怕打擊排斥,進見孝宗皇帝,陳述了自己不贊同虞允文貿然出兵之理由。當時

---

1 (宋)張栻:《張栻全集·跋戊午讜議》,第1017頁。
2 (元)脫脫:《宋史·張栻傳》,第12774頁。
3 (元)脫脫:《宋史·張栻傳》,第12775頁。

孝宗本想支持虞的建議,他問張栻:「一卿知敵國事乎,金國饑饉連年,盜賊四起。」[1]張栻答對說:「金人之事臣雖不知,境中之事卻知之矣。」孝宗曰:「何也?」[2]張栻答曰:「臣切見比年諸道多水旱,民貧日盛,而國家兵弱財匱,官吏誕漫,不足倚賴,正使彼實可圖,臣懼我之未足以圖彼也。」[3]張栻看到當時國內官場混亂,政治意見不統一,軍隊力量逐漸削弱,自然災害嚴重,百姓生活日益艱難,這樣的政治環境與民生環境不利於抗戰,亟需要對內進行調整。孝宗聽後,覺得張栻的「修己從內」意見很有針對性,「默然久之。」[4]他又上奏孝宗曰:

> 蓋必勝之形,當在於早正素定之時,而不在於兩陣決機之日……今日但當下哀痛之詔,明復仇之義,顯絕金人,不與通使。然後修德立政,用賢養民,選將帥,練甲兵,通內修外攘、進戰退守以為一事,且必治其實而不為虛文,則必勝之形隱然可見,雖有淺陋畏怯之人,亦且奮躍而爭先矣。[5]

張栻客觀分析了形勢,認為當朝沒有足以屈服敵人的實力,故不能採取冒然的行動,否則事倍功半。這一時期,南宋抗金的正確做法是修德立政、用兵養民、推選將帥,訓練甲兵,先做好準備,使自身有了足夠的實力,方可充分發揮自己的實力,戰服敵人,收復失地。孝宗聽後表示贊同。張栻對孝宗提出的抗金救國思想並非盲目地進攻

1　(元)脫脫:《宋史・張栻傳》,第12774頁。
2　(元)脫脫:《宋史・張栻傳》,第12775頁。
3　(元)脫脫:《宋史・張栻傳》,第12774頁。
4　(元)脫脫:《宋史・張栻傳》,第12776頁。
5　(元)脫脫:《宋史・張栻傳》,第12776頁。

戰略，而是在充盈自己實力的情況下，贏得足夠機會的前提下，實現抗金救國的目的。

二 勸告君主實行仁政

仁政是統治者寬厚待民，施以恩惠，爭取民心的統治措施。孟子發揮孔子學說，明確提出「仁政」的主張。他說：「王如施仁政於民，省刑罰，薄稅斂，深耕易耨，壯者以暇日，修其孝悌忠信，入以事其父兄，出以事其長上。可使制梃以撻秦楚之堅甲利兵矣。」[1]孟子指出，君主實行仁政，省罰薄斂，上下平和，這是穩定社會、保家衛國的重要措施。張栻將仁政視作政治的理想狀態和追求目標，他說：

> 蓋仁心之存，乃王政之本，而王政之行，即是心之用也。[2]
> 其仁如天，則天下孰不歸之。[3]
> 如堯、舜之為是，由夫仁之道者也；若幽、厲之為是，由夫不仁之道者也，不仁之弊，將至於身危國削，又其極，則至於身弒國亡，其惡名雖孝子慈孫莫之能改也。[4]
> 人君志於仁，則堯舜可幾；去仁，則循入于幽、厲，其可不審擇其所由哉？[5]

他從堯、舜之為與幽、厲之行相比較的角度出發，強調仁政是王

1　《十三經注疏・孟子・梁惠王上》，北京：中華書局1979年版，第2667頁。
2　（宋）張栻：《張栻全集・孟子說》，第356頁。
3　（宋）張栻：《張栻全集・孟子說》，第287頁。
4　（宋）張栻：《張栻全集・孟子說》，第348頁。
5　（宋）張栻：《張栻全集・孟子說》，第348頁。

政之根本，政治穩定的基石，堯、舜仁政之行為是君主治理國家的典範，如果君主實行幽、厲之暴政，不僅危及當朝政治，也對後世的國家治理產生不利的影響。張栻強調，如果統治者能夠實行仁政，則「吾國之仕無不得效其才，而天下之士皆願立於吾朝……天下之農者皆願耕於吾野……天下之商皆願藏於吾市……天下之行旅皆願出於吾途，他國之困於虐政者，聞吾風，皆願赴訴於我，而孰能禦之？」[1]君主實行仁政，賢才聚朝，商賈聚市，農民固田，眾人一心擁護朝廷，天下一派其樂融融之景，國家的治理也走上正道。

乾道六年（1170），虞允文重用史正志為發運使，名為均輸，實際是大量掠取州縣財賦，致使遠近騷然。士大夫爭相指責其為害，張栻也向皇帝陳述其害，但孝宗因受了史正志的蠱惑，曰：「正志謂但取之諸郡，非取之於民也。」[2]張栻說：「今日州郡財賦大抵無餘，若取之不已，而經用有闕，不過巧為名色以取之於民耳。」[3]張栻提示孝宗，州郡的錢財要取之於民、用之於民，不能巧為名色，加重百姓的負擔。孝宗矍然曰：「如卿之言，是朕假手於發運使以病吾民也。」[4]事後經過查實，確實如張栻所言，便停止了此項弊政。

張栻對君主施行仁政進行了總結論述，他說：「在上者躬仁義以為本，則在下者亦將惟仁義之趨，仁莫大于愛，蓋親親而仁民，人民而愛物，此天理之大同由一體，而其施有序也[5]……使民皆由於仁，非仁心涵養之深，仁政薰陶之久，莫能然也。」[6]統治者若想尋求社

1　（宋）張栻：《張栻全集・孟子說》，第252頁。
2　（元）脫脫：《宋史・張栻傳》，第12774頁。
3　（元）脫脫：《宋史・張栻傳》，第12774頁。
4　（元）脫脫：《宋史・張栻傳》，第12774頁。
5　（宋）張栻：《張栻全集・孟子說》，第250頁。
6　（宋）張栻：《張栻全集・論語解》，第177頁。

會的安定和諧，必須倡導並實行仁政。君主若要治國安民，就得愛惜民力，仁政薰陶之久才能如願。君主愛民，順於天理，明於天道，上下一體，恩澤後世。

三　希望君主選賢任能

　　選賢任能是統治者在國家治理過程中，選擇賢能之人輔助自己執政，為國家的未來發展鋪陳道路。《舊唐書‧食貨志上》中提到：「設官分職，選賢任能，得其人則有益於國家，非其才則貽患于黎庶，此以不可不知也。」[1]賢能之人能夠為國家的未來出謀劃策，有利於國家的長遠發展，不賢能的人心懷私欲，內含奸計，對國家和人民造成一定的隱患。三國時期著名的政治家、軍事家曹操就是一個選賢任能、重視人才的典型。他著名的詩篇〈短歌行〉，就表達了求賢若渴的心情和平定天下的壯志，「月明星稀，烏鵲南飛，繞樹三匝，何枝可依？山不厭高，海不厭深，周公吐哺，天下歸心。」[2]曹操雖然擁有近百萬軍隊，但清醒地認識到，要「天下歸心」，就必須有「山不厭高，海不厭深」的胸懷，有周公的「一飯三吐哺」的精神來招納賢士。

　　張栻認為，賢德之人在國家治理過程中發揮著關鍵作用。他說：「信仁賢，則君有所輔，民有所庇，社稷有所托，奸宄有所憚，國本植立而堅固矣。不然，其國謂之空虛可也。[3]……人君得仁賢之心，則天下之心歸之矣。有國者其不可使仁賢有退心哉！[4]」君主任用賢

---

[1]　(唐) 劉昫：《舊唐書‧食貨志上》，北京：中華書局1983年版，第2095頁。
[2]　(東漢) 曹操：《曹操詩全集‧短歌行》，北京：人民文學出版社1958年版，第62頁。
[3]　(宋) 張栻：《張栻全集‧孟子說》，第500頁。
[4]　(宋) 張栻：《張栻全集‧孟子說》，第356頁。

人，身邊有了出謀輔佐之人，國家多了出謀劃策之士，百姓有了表達意願的主心骨，三方面俱需要賢能之人發揮重要的作用。國家選賢任能，凝聚人心，昭示太平，相反「仁賢不樂從之遊，則天下之心日解矣。」[1]張栻在朝期間，向君王傳授選賢任能的重要意義，勸告孝宗任用賢人。乾道七年（1171），朝廷準備用宦官張說除簽樞密院事，張栻連夜起草奏疏，極力陳述其不可，並在第二天早朝中，當面指責虞允文：「宦官執政，自京輔始，近習執政，自相公始。」[2]弄得堂堂宰相「慚憤不堪」。接著，張栻上奏勸阻皇帝：「文武誠不可偏，然今欲右武以均二柄，而所用乃得如此之人，非惟不足以服文吏之心，正恐反激武臣之怒。」[3]任用賢能是國家興旺發達的重要前提，如果不肖之人參與國家治理，不能贏得文官的欽佩，也不能奪得武將的信任，這是國家治理開始走下坡路的表現。孝宗聽到張栻的上奏，「感悟，命得中寢。」[4]張栻學以致用，將自己的治國思想、憂患意識融入國家的建設發展過程中，為國家的未來發展勾勒一張清晰的藍圖。在彌留之際，他又勸誡孝宗：「伏願陛下親君子，遠小人，信任防一己之偏，好惡公天下之理。永清四海，克鞏丕圖。臣死之日，猶生之年。」[5]張栻希望君主把親近君子、遠離小人作為自己的座右銘，順應天道濟眾民，驅除私欲施仁政，這樣就會實現宴清天下、永垂萬年的執政目的。

1　（宋）張栻：《張栻全集·孟子說》，第356頁。
2　（元）脫脫：《宋史·張栻傳》，第12774頁。
3　（元）脫脫：《宋史·張栻傳》，第12774頁。
4　（元）脫脫：《宋史·張栻傳》，第12774頁。
5　（宋）張栻：《張栻全集·遺奏》，第664頁。

第三節　經筵進講——教育思想傳播的直接渠道

　　經筵制度是一種特殊的帝王教育制度。「它不僅是對帝王的一種道德教育，又是一種政治制度，和歷代諫官制度、宰相制度、封駁制度、史官制度一樣，是對皇權的制約，強調「道」統高於政統，利用「天道」制約皇權的無限膨脹。」[1]經筵進講是中國古代君主教育的重要方式，由廷臣入禁中，在皇帝或太子面前講授儒家經典或治國之道。君臣相互講明經義，論辯政事，不僅為儒臣接近皇帝、發揮政治影響提供了機會，也使居於九重深宮的帝王儲君能夠接受儒家教育，增進品學。

　　宋代舉行經筵的意義主要體現在兩個方面：一是「味道研經」，探究經書中的微言大義；二是「以古證今」，亦即以史為鑒，吸取歷代統治的經驗教訓。宋儒認為經筵勸講官乃君主「師友之臣」，對君主負有「輔導」、「勸誡」、「正過」之責，主要職能是「養君德」。乾道六年（1170），張栻招為吏部員外侍郎，並暫時兼任起居郎侍立官，兼待講。他在《謝侍講表》中說：

> 拜命中宸，執經西學。雖踵熙朝之故事，實為儒者之至榮。竊以剛健篤實，易稱多識之功，緝熙光明，詩著仔肩之義。蓋典學所以建事，而治國始乎修身。厥惟哲王，乃燭大本。此蓋伏遇皇帝陛下德先勤儉，政用中和。從善君轉圜，每盡謙虛之道；臨民如馭馬，居懷兢業之思。念六籍之格言，為百王之要範。將求鴻碩，與共講論。[2]

1　陳東：〈中國古代經筵概論〉，《齊魯學刊》2008年第1期。
2　（宋）張栻：《張栻全集・謝侍講表》，第662頁。

張栻通過經筵進講與上書奏章，向帝王講授儒家經典作品，發揮經傳的精義，勸告君主嚴以律己、光燭為本，明熙光亮，德先勤儉、以民為要、善德普照，同時勸告后妃學習儒家經典，以思歸本。

一　勸告君主嚴以律己、存敬戒之心

君主以身作則、嚴以律己，以自己的行動為臣民做出榜樣，這是國家得以治理的前提。《論語・子路》中提到：「其身正，不令而行；其身不正，雖令不從。」[1]這是說君主身正名順、言行得當，即使不下命令，百姓順義從意，也會緊隨君主前進的步伐。如果統治者本身言行不當，即使三令五申，百姓也不會聽從意旨。在中國古代歷史上，唐太宗是君王中以身作則、嚴以律己的典範。他執政過程中嚴格要求自己，曾說：「朕即位十三年矣，外絕游觀之樂，內卻聲色之娛。」[2]他的嚴以律己、自我約束、精心理政，成就了後來的「貞觀之治」。

勸告君主嚴以律己、存敬戒之心是張栻經筵侍講的首要內容。他在《經筵講義》中對孝宗講到：「夫治常生於敬，而亂常起於驕肆……為國者必嚴恭朝夕，而不敢怠也。」[3]張栻指出，君主在統治國家的過程中，憂患意識常伴、恭敬思想常隨，這樣才能實現嚴以律己之效。如果君主驕奢淫逸思想作怪，則慌亂了治理國家的手腳，慢慢地將誤入歧途。張栻接著談到君主從自己做起，約束自己的重要意義，他說：「為政之本，正己為先。帥己正，則無敢不正者，蓋己正而後教之，則人樂從之。不然，雖刑罰日施，亦莫之禁矣。」[4]君主

1　《十三經注疏・論語・子路》，北京：中華書局1979年版，第2508頁。
2　（唐）李世民：《唐太宗全集》，天津：天津古籍出版社2004年版，第610頁。
3　（宋）張栻：《張栻全集・經筵講義》，第666頁。
4　（宋）張栻：《張栻全集・論語解》，第170頁。

從事國家的治理，正己為首，其首為正，其下無所不依從。反之，君主自己不正，即使實行嚴酷的厲法，也不會取得好的結果。張栻指出，如果君主能夠修己，則「百姓安，篤恭而天下平。」[1]他在《論郊禮陰晴劄子》中還說：「陛下之心，即天心也。陛下之心于定未定，故上天之應乍隱乍晴。天人一體，象類無間，深切著明，有如此者。臣願陛下毋以此為祥瑞之事，而於此存敬戒之心。」[2]張栻從天人感應的角度出發，強調君主嚴以律己的必要。君主不斷省察自己，存敬戒之心，可以減少從政之弊，這是祥瑞之徵兆。最後，關於君主的嚴以律己，張栻做了總述：「上好禮則篤與恭讓，故民視之而莫不尊敬焉；上好義則動而得到其宜，故民心為之厭服焉；上好信則誠意下孚，故民亦用其情而無敢欺焉。感應之機，固不遠也。」[3]君主以身作則，不斷反省自己，時刻省察自己，遵禮、好義、守信，則臣民以尊敬、無欺、務實來回應君主的行動。

二　勸告君主心懷人民，重視農業的發展

君王心懷人民，以民為本，才能與百姓同呼吸、共命運。《尚書》說：「民惟邦本，本固邦寧。」[4]人民是國家的存在與發展的根本，君主關心百姓疾苦，與民同樂是國家興旺、昌盛的重要條件。孟子的民貴君輕思想對後來君主治理國家也起到了重要的指示作用。

心懷民心，以民為本是張栻勸君治國教育思想的重要組成部分，在經筵進講中，他向皇帝進言：「若人主之心，念念在民，惟恐傷

1　（宋）張栻：《張栻全集·論語解》，第70頁。
2　（宋）張栻：《張栻全集·論郊禮陰晴劄子》，第1164頁。
3　（宋）張栻：《張栻全集·論語解》，第176頁。
4　《十三經注疏·尚書》，北京：中華書局1979年版，第156頁。

之,則百姓之心自然親附如一體。若在我者先散了,此意思與之不相管攝,則彼之心亦將泮渙而離矣,可不憂哉![1]……與民同其樂者,固樂之本也。誠能存是心,擴而充之,則人將被其澤,歸往之為恐後。[2]」君主心懷人民應體現在治國理政的各方面,心存憂患意識,把百姓放在至關重要的位置,這樣才能真正實現君民一心。君主心誠為民,方可與民同樂,百姓受其恩澤,更加擁戴自己的君主、熱愛自己的國家,善莫大焉。其次,張栻以心腹、手足的比喻來勸誡君主以民為本,他說:「吾視之如手足,則彼將以為腹心矣。吾視之如犬馬,則彼將視我如國人矣。吾視之如草莽,則彼將視我為寇仇矣。蓋感應施報之理則然,不貴其應與報者,而反求諸己,表立而影。自從,此知道之君所以涵養一世臣民之心有餘裕也。」[3]有德行的君主是與百姓一心的。良好的君臣關係是涵養君民一心的重要前提,君主順天理而行,恩德降至百姓身上,百姓也會做出積極的反饋,君民同心戮力,為國家的治理與發展創造條件。再次,張栻指出君王心存人民,這是順天理、行道統的表現。他說:「惟吾樂民之樂,故民亦樂吾之樂,惟吾尤(憂)民之尤(憂),故民尤(憂)吾之尤(憂)。尤樂不以己,而以天下,是天理之公也。」[4]君主順應天理而行,與民同樂、與民共憂,才能得到百姓的信任與愛戴,也是富國強兵的根本前提。君主如果能與百姓同心同德,則「擴然大公,循夫故常,天理著而人欲滅也。」[5]

在古代社會,統治者重視農業的發展是安定民生、穩固統治地位,

1　(宋)張栻:《張栻全集・經筵講義》,第667頁。
2　(宋)張栻:《張栻全集・孟子說》第256頁。
3　(宋)張栻:《張栻全集・孟子說》,第300頁。
4　(宋)張栻:《張栻全集・孟子說》,第260頁。
5　(宋)張栻:《張栻全集・孟子說》,第263頁。

增強國家綜合實力的重要前提。西漢「文景之治」的出現與文帝、景帝重視農業的發展是分不開的。漢文帝說：「夫農，天下之本也。」[1] 景帝說：「農，天下之本也。黃金珠玉，饑不可食，寒不可衣。」[2] 漢文帝將農業是為穩固天下的根本，漢景帝將農業和黃金珠玉進行對比，他認為黃金珠玉雖然名貴，但在關鍵時刻還不能解決日常生活的需要，由此可見，文、景二帝對農業的重視程度相當高。

在《經筵講義》中，張栻對皇帝指出，周朝能夠取得治世局面，主要原因之一在於君主對農業的重視。他說：「臣嘗考周家建國，自後稷以農事為務，歷世相傳，其君子則重稼穡之事，其室家則躬織絍之勤，相與諮嗟歎息，服習乎艱難，詠歌其勞苦，此實王業之根本也。臣以為帝王所傳心法之要，端在乎此。」[3] 周朝立國，重視稼穡，歌詠勞苦，夯實基業，這不僅是後代帝王所要學習與繼承發展的，也是帝王應銘記於心的治國準則。張栻認為，宋代統治者仍然要重視農業的發展，這是國家興亡的要旨，也是百姓生活富裕的保證。他說：「蓋當國之道，莫先于農桑[4]……為國者而每念乎稼穡之勞，而其后妃又不忘乎織絍之事，則心不存焉寡矣。其必懷保小民，而不敢康也；其必思天下之饑寒，若己饑寒之也是心。」[5] 君主心懷百姓，重視農業的發展，后妃不忘織絍之事，關心百姓衣食住行。君民同心，共耕稼穡，這是國家安定、社會穩定的前提，也充分體現了張栻勸告君主以農為本的思想。

1　（東漢）班固：《漢書‧文帝紀》，北京：中華書局1962年版，第117頁。
2　（東漢）班固：《漢書‧景帝紀》，北京：中華書局1962年版，第152頁。
3　（宋）張栻：《張栻全集‧經筵講義》，第666頁。
4　（宋）張栻：《張栻全集‧孟子說》，第438頁。
5　（宋）張栻：《張栻全集‧經筵講義》，第666頁。

三 提倡君主以德、禮治國

儒家歷來提倡「德主刑輔」，主張以德治國。《荀子‧大略》說：「禮者，政之挽也。為政不以禮，政不行矣。」[1]荀子認為「禮」是君主施政的道德準則，統治者在國家治理過程中以「禮」行事、以德服人，這樣才能順服百姓，施展自己的治國意圖。

張栻在學習儒家經典書籍的同時，吸收了儒家德治思想，向君主提出德、禮是治國的根本。他說：「德、禮治之本。政、刑非不用也，然德立而禮行，所謂政、刑者蓋在德、禮之中。若其本不立，而傳事于刑政之末，則民有苟免之意，而不知不善之恥[2]……德禮為本，政刑為末，才能『和順輯睦之所由興也』。」[3]在張栻看來，德、禮是國家治理的根本，君主以德治國，百姓才能有羞恥之心，如果君主以法治國，百姓表面雖有畏誠之意，但心裡還是不能屈服於君主的統治，長此以往，國家的統治根基就會變得不穩定。「三綱倫廢，人有離心，國往與立？軍旅雖精，果何所用哉？」[4]張栻又通過以德理政與以刑治國的區別，來闡明以德治國的意義，他說：「若夫以德行仁，則是以德而行其仁政，至誠惻憚，本於其心，而形於事為，如木之有本，水之有源也。蓋以力服人者，特以力不瞻之故，不得已而服之，而其中固莫之服也。至於以德服人，雖無意人之服，而人將中心悅而誠服之。」[5]張栻認為，君主以德治理國家，這是施行仁政的重要表現。君主至誠惻憚，百姓心中高興而服從統治，這如同有根本

---

1 （清）王先謙著，沈嘯寰、王星賢點校：《荀子集解‧大略》，北京：中華書局1988年版，第492頁。
2 （宋）張栻：《張栻全集‧論語解》，第75頁。
3 （宋）張栻：《張栻全集‧論語解》，第95頁。
4 （宋）張栻：《張栻全集‧論語解》，第186頁。
5 （宋）張栻：《張栻全集‧論語解》，第286頁。

的樹木、有源頭的水流，慢慢延展下去，終究不竭。君主如果以刑治國，則是強迫百姓服從，而百姓心存怨恨，內心排斥，為以後反抗暴政埋下伏筆。

四 勸告君主、后妃重視《詩經》的學習，以思歸本

古代君主很重視《詩經》的學習，《詩經》不僅講述了君主善政的重要性，而且對君主治理國家提出了治內為治外之先的中肯意見，以便君主自己反思統治經驗。在經筵進講中，張栻對皇帝說：

> 二南之詩，聖人示萬世以制治之本源，乃三百六篇之綱要，如易之首乾坤然。[1]
> 古人論治，如木之有根，如水之有源，言治外必先治內，言治國必先齊家。須是如此，方為善治。[2]
> 必如周南、召南所述室家之事而後為家齊，由此而達之，則無所不可行。若為之不從此始，則動有隔礙，雖尺寸亦不可以推而行也。[3]

從講義中可以看出，「二南」之詩是聖人展示給後世君主治國的本源篇章，統治者在治理國家時要以史為鑒，先內後外，先本後末，把握好本源，這樣才能更好地理政。同時張栻認為后妃地位雖高，也應加強經典作品的學習，以起歸寧之心，他說：「古者雖后妃之貴，亦必立之師傅以詔之……法家拂士，非惟人主不可一日無，在后妃亦

1　（宋）張栻：《張栻全集·經筵講義》，第668頁。
2　（宋）張栻：《張栻全集·經筵講義》，第666頁。
3　（宋）張栻：《張栻全集·論語解》，第218頁。

然……蓋述后妃雖貴，不可忘其初。處宮室之中，而思其在父母家之時；居富貴之位，而念夫女工之勞。感時撫事，而因以起其歸寧之心思。」[1]張栻指出，后妃身處高位，不能忘記初心，思生活之艱，念百姓之勞，追先賢之德，這樣才能順應天理，歸順天道，歸根本。后妃陶冶性情，以思歸本的經典作品莫過於《詩經》，張栻說：「其節儉敦本，孝愛恭敬，薰然見乎其辭，反復誦詠之，則可以得其趣矣。」[2]后妃熟讀《詩經》，就會深刻領悟其中的要義，懂得其中的節儉、孝敬、愛憐，自己的思想境界與普眾情懷將會上升到一個高度。

對於《詩經》篇章的作用，張栻又做了具體的講解，以明對后妃的教化，「一章思夫在父母之時，方春葛延蔓于中谷，維葉萋萋然其始茂也；黃鳥聚於麗木，其鳴喈喈然其甚和也。」[3]后妃閱讀這章內容，如同景現眼前，情隨物動，對於自己愛憐感情的生發，發揮重要的作用。《詩經》的「二章『維葉莫莫』則是葛既成而可采之時。也於是言其刈穫之以為絺綌，如此服之無厭也。蓋躬其勤勞而享之則安耳。誦此章，則其敦本之意可見矣。」回歸事物發展的本源，親自勞作可以獲得更加穩定的生活、親自耕種可以錘煉自己的秉性，這是后妃閱讀本章內容的收穫。《詩經》的第三章是讓后妃昇華感恩情懷的章節，其文字「言其因是以思其父母，告師氏以言歸，汙治其燕私之服，澣潔其朝見之衣。……治其衣服，蓋欲以歸甯父母也。誦此章，則其孝愛恭敬與夫節儉之意，又豈不熏然於言辭之表乎？」[4]后妃閱讀本章之後，心萌孝愛、恭敬與節儉之意，對自己性情的陶冶與知識的涵養，起到促進作用。

---

1 （宋）張栻：《張栻全集·經筵講義》，第665頁。
2 （宋）張栻：《張栻全集·經筵講義》，第665頁。
3 （宋）張栻：《張栻全集·經筵講義》，第666頁。
4 （宋）張栻：《張栻全集·經筵講義》，第666頁。

張栻認為皇帝治國憂民、夙夜警戒；后妃忠貞賢淑、含蓄克制，是國家昌盛、社會穩定的前提。他說：「誠以人心易動，貴驕易溺，處其極而無所畏憚，則其可憂，將有不可勝言者。是以古之明君與其后妃相與夙夜警戒，而不敢少忽乎此也。」[1]后妃在陶冶性情方面，不僅要學習經典作品，還應把模範后妃當作自己學習的榜樣，張栻進言：

　　美哉周之家法也！聖哲相繼，固不待論，而其后妃之賢，見於簡編，太王之妃則薑女也；而文王之母則太任，妃則太姒；而武王之后義邑姜也。皆助其若子焦勞于內，以成風化之美。觀后妃，則太王、文、武之德可知矣。……臣適論成周家法，自漢唐以來，家法之美無如我宋。臣嘗考四后之德，其立甚正，終為宗廟社稷之福。光獻曹太后方英宗之初，有功社稷。宣仁高太后致元祐之治，號女主中堯舜。欽聖向太后建中靖國之初有功社稷。欽慈孟太后靖康、建炎間社稷之功又冠前古，以此知本朝之家法，何愧三代？實子孫萬世無窮之法。[2]

　　從以上內容看出，周朝后妃賢惠，輔佐帝王執政，以成風化之美，這是值得肯定的。當朝后妃不僅要把西周后妃的美德傳承下來，還應以北宋后妃作為學習的楷模，修行自己的美德，錘煉自身品行，給國民做出典範，更好地輔助皇帝執政。

1　（宋）張栻：《張栻全集・經筵講義》，第666頁。
2　（宋）張栻：《張栻全集・經筵講義》，第666頁。

小結

　　國家是各種社會關係的舞臺,君臣關係是封建社會非常重要的人際關係,不僅是臣子人生命運的決定因素,也是國家興旺昌盛的重要條件。張栻指出:「使臣以禮,如傳所謂敬大臣、體群臣之類也;事君以忠,無以有己有犯而無隱也。君使臣以禮,臣事君以忠,則上下交而泰,治興矣。然在人君端本之道,以禮使臣,則群臣得盡其忠。不然,憂賢者之日遠,而小人日親也。」[1]張栻認為,君主禮賢臣子,大臣以忠事君,上下關係處理和諧恰當,這是順應天道、踐行君臣交往之理的關鍵所在。君主與臣子之間形成良好的關係,朝廷一派祥瑞,君子之人盡展自己的才華,小人不敢奪君子之腹,國家得到良好的治理。生活在高宗、孝宗兩朝的張栻恪守三綱五常、忠於君主,同時他又勸告君主抗金復疆,恢弘愛國之情懷,勸告君主嚴以律己、以德治國、以民為本、重視農業的發展、選賢任能,讓君主在治國理念、治國策略、施政要領方面有了更為深入的思考。張栻對君主傳授的治國思想與理念,使君臣之間關係達到一種和諧自然之態,在一定程度上促進了國家的發展與社會的進步,從而保證國家統治秩序的井然。

---

[1] (宋)張栻:《張栻全集・論語解》,第88頁。

第三章
張栻對學者的道德教育

　　中國古代社會的道德教育，內容豐富且廣泛，主要包括提高學者道德覺悟、陶冶道德情感，鍛煉他們道德意志，讓他們樹立道德信念、培養道德人格，養成道德習慣。張栻從人性本善的角度出發，強調學者在道德教育的培養與影響下，可以回歸做人的本質。他指出學者在加強自身道德修養，首先應護「心」養「性」，讓自己的心志有所主宰，讓自身行為順應天理的運行，這樣才能保證自己的道德修養之路正軌順暢。求「仁」、崇「義」賤「利」、遵「禮」、守「信」、明「知」是張栻對學者道德教育的主要內容。他認為，學者踐行「仁」道，發善之心，才能臻入學問之境，在此基礎上，學者崇「義」賤「利」、遵敬「禮」德、信守諾言、通明智慧，這樣自己的知識涵養與道德修養境界都得到昇華。張栻對學者進行道德教育時，主要提出了立志、踐「道」而行、克己、改過、篤「實」、居敬窮理等一系列道德修養方法，學者涵泳其中，細緻琢磨，定有大的收穫。

第一節　張栻道德教育的哲學依據

一　人性本善

　　孟子秉承「人性本善」說，《孟子·告子上》說：「人性之善也，猶水之就下也。人無有不善，水無有不下。今夫水，搏而躍之，可使過顙；激而行之，可使在山。是豈水之性哉？其勢則然也。人之可使

為不善，其性亦猶是也。」[1]孟子認為，人性向善，如同水流低處。水流低處是水之本性，人心向善才是做人的本真道理，孟子的人性本善說為儒家學者進一步修身養性、加強道德修養提供了道理依據。

張栻熟讀儒家經典著作，對性「善」做了具體的解釋，他首先指出，「蓋性難言也，其淵源純粹，可得而名言者，善而已。所謂善者，蓋以其仁、義、禮、知之所存，由是而發，無人欲之私亂之，則無非惻隱、羞惡、辭讓、是非之心矣。」[2]從解釋中可以看出，張栻認為「仁」、「義」、「禮」、「知」存在於人性的純善之中，由是而發，沒有私欲擾亂，則為惻隱、羞惡、辭讓、是非之心。如果人性失去的善良的一面，則要查找自己的私有欲望是否干擾了自身的道德修養過程。其次，張栻指出，人性之「善」是天性，他說：「所謂太極者，固萬物之所備也[3]……太極動而二氣形，二氣形而萬物化生，人與物俱本乎此者也。原物之始，亦豈有不善者哉！其善者天地之性也[4]……謂性有不善者，誣天者也。」[5]張栻認為，天地之間，人善為要，這是人與天地真正融為一體的關鍵所在，如果人不能行善，則傷天地之理，是對自然的大不敬，將受到天地之德的譴責。再次，他又提到人性中的「善」是天地之心，提倡學者要時刻牢記修身養性、增強善念的重要性。張栻說：「物之始生，亦無有不善者，惟人得二氣之精，五行之秀，其虛明知覺之心有以推之，而萬善可備，以不失其天地之全。故性善之名獨歸於人，而為天地之心也。」[6]人得二氣之精，常做善事，天地觀之，自然嘉之，實至名歸。

1　《十三經注疏·孟子·告子章句上》，北京：中華書局1979年版，第2748頁。
2　(宋) 張栻：《張栻全集·孟子說》，第311頁。
3　(宋) 張栻：《張栻全集·答周允升》，第977頁。
4　(宋) 張栻：《張栻全集·存齋記》，第719頁。
5　(宋) 張栻：《張栻全集·答胡伯逢》，第958頁。
6　(宋) 張栻：《張栻全集·論語解》，第426頁。

二　對人性有善到不善原因的追索

張栻對學者的道德教育過程中，首先對人性有善到不善的原因進行了追索，以啟示學者秉持善念、加強自身修養的重要意義。人性本善，但是後來怎樣變為非善，張栻對此給出了答案，他說：

> 然人之有不善，何也？[1]
> 夫人與天地萬物同體，其氣本相與流通而無間，惟人之私有以害之，故自局于形體之間，而失其流通之理[2]……蓋有是身，則形得以拘之，氣得以汨之，欲得以誘之，而情始亂，情亂則失其性之正，是以為不善也[3]……至此則豈其性之理哉，一己之私而已。[4]

從張栻的分析可以看出，人性之善處於萌芽狀態，必須培養、擴充，使之成長到完善的地步，達到高度自覺的道德境界。反之，後天不良環境的習染、私欲的引誘、不良行為的踐行，人自局於形體，心念偏邪，後果是蒙蔽人的「善端」，把人引入邪惡之域。但張栻認為，學者通過接受教育、加強道德修養，化解氣質之偏，走向性「善」。這是學者從善教育思想的哲學依據，他說：

> 人所稟之質雖有不同，然無有善惡之類，一定而不可變者。蓋均是人也，原其降衷莫而不善？[5]

1　（宋）張栻：《張栻全集·論語解》，第426頁。
2　（宋）張栻：《張栻全集·孟子說》，第281頁。
3　（宋）張栻：《張栻全集·孟子說》，第426頁。
4　（宋）張栻：《張栻全集·答吳晦叔》，第827頁。
5　（宋）張栻：《張栻全集·論語解》，第206頁。

氣質雖偏，亦可反也[1]……氣稟之性可以化而復其初。夫其可以化而復其初者，是乃性之本善者也。[2]

張栻指出，「善學者克其氣質之偏，以復其天性之本，而其近者亦可得而一矣。」[3]他從人性返善的角度論證了通過知識涵養和道德教育，可以克服氣質之偏、稟性之移的弊病，不忘初心，順乎天理，向心中之善前行，也就是所謂的「習性」。

第二節　張栻對學者的道德教育內容

一　自身修養——道德教育的總綱

儒家的自身修養是指通過一系列的道德教育，使自己趨善避惡。張栻首先提出了自身修養的內在依據：其一，人性本善，為成就道德人格提供了內在的根據。其二，這種善的本性是「天之賦之」，說明了人自身存在著一種向善的內在的自驅力。這種驅動力有助於學者返歸自身，尋求自身之本性。

接著，張栻從三個方面對學者加強自身道德修養進行了闡述，告知他們自己修養的意義與價值。

（一）回歸根本

張栻從「為己之學」的角度出發，指出學者自身修養的重要性，他說：「身修而家齊，家齊而國治，國治而天下平，其序固如此；未

---

[1]（宋）張栻：《張栻全集・孟子說》，第354頁。
[2]（宋）張栻：《張栻全集・孟子說》，第427頁。
[3]（宋）張栻：《張栻全集・論語解》，第215頁。

有身不修而可以齊家,家不齊而可以為國,為天下者,蓋無其本故也。然則其可不以修身為先乎?」[1]可見,修身是齊家、治國、平天下的前提,身不修則本不立,何談治國與平天下?自己的根基不穩,怎能支撐自己的軀體前行?自身的道德修養之果是建立在自身根部穩固的基礎上。

從「回歸根本」的角度來看,張栻說:

> 故古之學者為己而已,己立而為人之道固亦在其中矣。若存為人之心,則是徇于外而遺其本矣。本既不立,無以成身,而又將何以及人乎?[2]
>
> 舍其田而芸人之田者,不治其身而以治人之譬也。不務其在己者,而責諸人,其自任亦輕矣,蓋不知一身為天下之本故也。[3]
>
> 君子之善治其身,非為教人也,身修而教在其中,成己成物之道也。[4]

從以上內容可知,學者修身為要,求本為己,得以成身,根本固定,行穩致遠。學者加強道德修養,自身收益,同時也給別人樹立榜樣,這也是一種潛在的教育方式。教育是需要傳承與發展的,如果學者本既不立,無以成身,何以育人?張栻強調,學者回歸根本的道德教育,是教育思想傳承與傳播的主要內容。

1　(宋)張栻:《張栻全集・孟子說》,第349頁。
2　(宋)張栻:《張栻全集・論語解》,第189頁。
3　(宋)張栻:《張栻全集・孟子說》,第512頁。
4　(宋)張栻:《張栻全集・孟子說》,第490頁。

(二) 自身修養要有長期性

張栻把萬物生長與學者自身修養相比較，突出學者自身修養要有長期性，不能間斷工夫，這樣才能增進自身道德修養的深度。他說：

> 如天地涵養萬物，其雨露之所濡，雷風之所振，和氣之薰陶，寧有間斷乎哉？故物以生遂焉[1]……物固有生之理，然不養而害，則雖易生之物亦不能以生。是則物未有不待養而能生者也。一日暴之，十日寒之，則養之也微，而害之者深矣，則其生理烏得而遂哉？[2]

從文字表述可以看出，張栻認為萬物的成長需要培養，如果「一日暴之，十日寒之」，則失去生長之理，不能結出果實。那麼作為「得二氣之精，五行之秀」的學者，更需要加強自身修養，且工夫不能間斷。他說：「夫人位天地之中，而為萬物之靈，豈不至貴至重矣哉？人其可不自知愛，愛之則思所養之矣[3]……養之而無害，則浩然塞乎天地之間矣。」[4]張栻認為，人為萬物之靈，在天地之間成養貴氣，因貴所以要自重，自重自愛的首要方法就是加強自身修養。學者不斷修身養性，讓自己的君子之氣瀰漫於天地之間，這樣才能盡展自身的貴氣和與眾不同之處。

(三) 向聖人學習

張栻不僅告知學者道德修養要回歸根本、道德修養要長期性，也

1　(宋) 張栻：《張栻全集・孟子說》，第372頁。
2　(宋) 張栻：《張栻全集・孟子說》，第437頁。
3　(宋) 張栻：《張栻全集・愛身堂說》，第1187頁。
4　(宋) 張栻：《張栻全集・孟子說》，第281頁。

從學習「聖人」的角度出發，進一步論證學者自身修養的必要性。「聖人」指知行完備、至善之人。程顥說：「聖人，人也，故不能無憂。」[1]程頤說：「人之性一也。而世人皆曰吾何能為聖人，是不自信也。」[2]這就是說聖人歸屬人，也有常人之情。聖人最值得學者學習的方面就是自身於性情的完美統一。聖人能做到的事，一般人經過鍥而不捨的努力或者長時間的修煉本身也能做到，但要有信心充盈，奮力為之。張栻強調學者在加強自身修養時要像聖人學習，說：

聖人者，是心純全渾然。[3]
聖人之動，無非天也，夫所謂天者，至公無私之體也。[4]
夫盡仁道者聖人也。[5]
溫良恭儉讓，聖人之德容見於接人之際者。[6]
聖人之言，抑揚高下，各有攸當。[7]

他從「心」、「仁」、「言行」等各個方面對聖人做了整體概述，指出聖人心純渾然、至公無私、恪盡仁道、溫良恭儉，是學者道德修養方面的楷模與榜樣。學者應依照聖人的做法，時刻省察自身的不足之處，長久以往，漸至佳境。張栻認為，「聖人盡人倫之道，故為人倫之至。」[8]而「眾人與聖人本同然也，而其莫之同者，以眾人失其養

---

1 （宋）程顥、程頤著，王孝魚點校：《二程集》，北京：中華書局2004年版，第119頁。
2 （宋）程顥、程頤：《二程集》，第319頁。
3 （宋）張栻：《張栻全集·宋伯潛》，第975頁。
4 （宋）張栻：《張栻全集·孟子說》，第403頁。
5 （宋）張栻：《張栻全集·論語解》，第126頁。
6 （宋）張栻：《張栻全集·論語解》，第71頁。
7 （宋）張栻：《張栻全集·論語解》，第90頁。
8 （宋）張栻：《張栻全集·孟子說》，第348頁。

故也[1]……學者，學之為聖賢也，聖賢曷為而可至哉？求之吾身而已。」[2]張栻認為，學者皆有可以至聖人之境的可能性，聖人的修煉不是朝夕之事，學者只有鍥而不捨地不斷加強自身修養，成為聖人的願望才有可能實現。

二 道德修養的內容

（一）護「心」養「性」

宋代理學家很重視對學者「心、性」的道德教育，程子指出：「盡心知性，不假存養，其唯聖人乎，蓋謂此也。」[3]他認為，學者盡心養性，篤實而行，才是真正地學習聖人。張栻說：「修身之事，即其盡心知性、存心養性之見于躬行者也……盡心知性，而後存養有所施焉。」[4]護「心」養「性」是張栻對學者「心」、「性」教育的主要內容，他強調，盡心知性是學者道德修養的重要前提，學者在固「心」養「性」的基礎上，踐行自己的言行，這樣下去，自己的道德修養才會上升到一個新的境界。蔡方鹿先生指出：「張栻將『性』、『心』、『理』並列，並非簡單地將宇宙的客觀絕對與人的主觀精神混淆為一，而是有著相互制約、補充的意味。即：一方面『心』無『性』、『理』則不成方圓，失去了道德判斷的客觀標準。另一方面，『性』、『理』又必須依靠『心』這一觀念轉化成現實的思想、行為。從某種意義上看，後一方面更具現實性。這就是『合主性情』，『合以成性』，即以人『心』這個認識主體，通過認識天地萬物而最終體現

1　（宋）張栻：《張栻全集‧孟子說》，第348頁。
2　（宋）張栻：《張栻全集‧孟子說》，第348頁。
3　（宋）程顥、程頤：《二程集》，第172頁。
4　（宋）張栻：《張栻全集‧孟子說》，第465頁。

作為宇宙、社會之理的『性』。」[1]蔡先生對張栻「性」、「心」、「理」認知做了精準概括，闡述了一代宗師對學者道德教育的「心」「性」闡發的思路圖。

1 護「心」的道德教育

張栻對學者護「心」的道德教育中，提出了「心」為主宰、「正心」、「存心」、「養心」之學。

(1)「心」為主宰

南宋理學家對「心」學有自己的一番研究。朱熹肯定「心」在學者道德修養過程中的主宰作用，他說：「夫心者，人之所以主乎身者也，一而不二者也。為主而不為客者也，命物而不命于物者也。」[2]朱熹認為，人心護身，人心主性情，學者重視「心」的主宰作用，方能確定自己的人生走向。陸九淵認為「心即理」，他說；「心，一心也；理，一理也。至當歸一，精義無二。此心此理，實不容有二。」[3]張栻指出，「心」宰萬物，人「心」能推，他說：「理之自然，謂之天命，于人為性，主于性為心[4]……人心之所在，天命之所存也[5]……事有其理而著於吾心。夏葛而冬裘，饑食而渴飲，理之所固存，而事之所當然者，凡吾於萬事皆見其若是也，而後為當其可學者求乎此而已。」[6]張栻認為，人「心」的存在即天命的存在，人「心」主宰萬物的過程也是順應天理的過程，學者在道德修養過程中，不僅要「心」

---

1 蔡方鹿：《一代宗師學者——張栻及其哲學》，成都：巴蜀書社1991年版，第65-68頁。
2 （宋）朱熹：《朱熹集・觀心說》，第3540頁。
3 （宋）陸九淵著，鍾哲點校：《陸九淵集》，北京：中華書局1980年版，第126頁。
4 （宋）張栻：《張栻全集・孟子說》，第464頁。
5 （宋）張栻：《張栻全集・孟子說》，第267頁。
6 （宋）張栻：《張栻全集・靜江府記》，第678頁。

有所主，也要順應天理而為，這符合天地運行規律的做法是修煉自身的最好方式。

張栻首先指出，「心」的主宰作用表現為「心」主宰「氣」，說：「心失其平，不必求於氣，此特持心未固耳，務持其心而已。若舍心而求于氣，則將見舍本事末，而無以制矣。」[1]從張栻闡述內容可以看出，學者在道德修養過程中，應要「心」做主宰，入「心」為主，心平氣順。如果學者舍「心」求氣，則「志」不能固，反累「心」，本末倒置，「心」也不能發揮其主宰作用。

接著，張栻將「耳目」之宰與「心」之宰進行比較論述，告知學者在道德修養過程中，以「心」為主的重要意義：

> 從其大體，心之官也，從其小體，耳目之官也。蓋耳目為之主，則不思而蔽于物矣。耳目物也，以物而交于物……若心為之主，則能思矣。思而得之，而物不能奪也。所謂思而得之者，豈外取之乎？……言心為之主，則耳目不能以移，有以宰之故也。[2]

張栻認為，學者在修煉自身的過程中，如果以耳目為主，以物交物，自己不能深入思考，容易被外物所擾而喪志；如果學者以「心」為主，充分發揮自己的思考能力，深研君子之道，穩定自己的性情與志向，不會因為外物的干擾而走「心」。

最後，張栻指出，學者在護養「心」性方面應按「理」而動，非依「物」而行，他說：「動以理者，心得其宰，而物隨之；動以物者，

1　（宋）張栻：《張栻全集‧孟子說》，第278頁。
2　（宋）張栻：《張栻全集‧孟子說》，第442頁。

心放而欲流，其何有極也？[1]……惟其物至而知之，自幼浸長，則流于情，動于欲，狃于習，亂于氣，千緒萬端，紛擾經營，而其赤子之心日以斷喪，一失而不能反者眾矣。學也者，所以求反之也。」[2]學者以「物」而動，心有所放，則容易流俗於性情，擾亂於私欲；學者以「理」而行，順道而為，反求諸己，「心」才能更好地發揮其主宰作用，這是穩固學者內心、居敬從學的好辦法。

（2）正「心」

正「心」是指學者在自身修養過程中，使自己的知、情、意與外界融合，人心歸正。這是儒家提出的一種護「心」的修養方法。學者要想真正體會護「心」的意義，張栻認為，正「心」十分重要，他說：「故欲修其身者，先正其心[3]……人心莫不有害，蓋人心虛明知覺，萬理森然，其好惡是非本何適而非正？……人能正其心，不使外物害之。」[4]人「心」純正，避害趨利，免於外物的干擾，這樣才能走向光明大道。張栻指出，正「心」的緣由在於「心」之偏。他認為，聖賢之書是治療「心」病之偏的藥方，是正「心」的必備書籍，「凡心之病固多端，大抵皆由其偏而作。自一勺而至于稽天，則若人雖生，無以異於死也。聖賢之經皆妙方也，察吾病之所由起而知其然，審處其方，專意致精而藥之，則病可去；病去則仁，仁則生矣。」[5]聖賢之書可以幫助學者檢查自己「心」偏之緣由，對症下藥，去欲存理，生成「仁」道，為學者的道德修養指出一條光明之路。

1　（宋）張栻：《張栻全集・孟子說》，第442頁。
2　（宋）張栻：《張栻全集・孟子說》，第375頁。
3　（宋）張栻：《張栻全集・孟子說》，第349頁。
4　（宋）張栻：《張栻全集・孟子說》，第480頁。
5　（宋）張栻：《張栻全集・答謝夢得》，第905頁。

（3）存「心」

存「心」是指學者「知性知天」，在認識上達到自我超越。張栻強調，學者在加強護「心」的道德修養時，不僅要正「心」，還需要存養「心」性，原因是：「人雖有是心，而必貴於能存，能存而後人道立。不然，放而不知求，則與庶物亦奚以異哉？……放而不知求，則其本不立矣。」[1]學者存心厚養，必有所得，如果放心縱行，妄行意動，則根本不立。張栻強調，學者在護「心」過程中，要「以仁存心，以禮存心[2]……求之吾身，其則蓋不遠心之所同然者，人所固有也，學者亦存此而已。存乎此，則聖賢之門牆可漸而入也。[3]」他指出，學者以仁德存養心性，遵行禮節存養心性，這就從根本上找准了學習聖人的竅門。張栻認為，如果學者能夠存養「心」性，則「天性昭明，未發之中，卓然著見[4]……君子為能體是心而存之，存而擴之，本立而道生，故其所進有常而日新，其事業深遠而無盡也。」[5]張栻也強調，學者在存「心」的同時，也要時刻警惕放「心」，他說：「人固有質美而自恃者矣，一放其心，以陷於小人之歸者有焉。人固有平日所為未善者矣，一知悔艾，以進于君子之域者有焉[6]……惟人放其良心，故失其統紀。學也者，所以收其放而存其良也。」[7]他闡明學習的主要作用是收「心」存良。學者放心而行，漸離君子修養之地，陷於小人之歸，曾經道德修養的成果也將會隨著不經意的放「心」而消失。

1　（宋）張栻：《張栻全集・孟子說》，第379頁。
2　（宋）張栻：《張栻全集・孟子說》，第387頁。
3　（宋）張栻：《張栻全集・孟子說》，第458頁。
4　（宋）張栻：《張栻全集・答胡廣仲》，第925頁。
5　（宋）張栻：《張栻全集・孟子說》，第379頁。
6　（宋）張栻：《張栻全集・孟子說》，第384頁。
7　（宋）張栻：《張栻全集・靜江府記》，第678頁。

（4）養「心」

所謂養「心」是指「養性知天」。張栻在對學者進行正「心」、存「心」教育的同時，進一步強調學者養「心」的重要性，他說：

> 牛山之木，其美者本然也，斧斤伐之，則不得為美矣。然木之生理固在，日夜之所息，雨露之所潤，而其萌蘖不容不生。於其生也，又為牛羊牧之，於是有不得其生而常濯濯者矣……蓋生之者寡，而所以害之者則不已故也……人皆有良心，能存而養之，則生生之體自爾不息。[1]
>
> 苟得其養，無物不長，苟失其養，無物不消。君子之養之也，勿忘也，勿助長也，而天理不已焉。心非有存亡出入，因操舍而言也，操則在此，舍則不存焉矣，蓋操之者乃心之所存也……學者要當于操舍之際深體之。[2]
>
> 是以君子貴乎存養。存之有素，則其理不昧；養之有素，則物莫能奪。夫然，固當事幾之來，有以處之而得其當也。[3]

從上面的比較論述可以看出，張栻認為，樹木的生長需要培養，「苟得其養，無物不長」，學者在護「心」的道德修養方面，更要學會存養「心」性，「心」得其養，浸潤君子之道，才能不被外物所奪。學者應該用心體會養「心」的實際意義與價值所在，認真琢磨，省察自我，時刻警醒，方能領悟養「心」的真諦。

在學者養「心」方面，張栻針對性地提出了幾種方法，首先，以

1　（宋）張栻：《張栻全集·孟子說》，第435頁。
2　（宋）張栻：《張栻全集·孟子說》，第436頁。
3　（宋）張栻：《張栻全集·孟子說》，第382頁。

義理養「心」，他對古人存養「心」性的方法很是讚賞，「古之人理義以養其心，以至於動作起居、聲音容色之間，莫不有養之之法焉，所以尊德性而道問學，以成其身也……於身而知所以養，則為賢為聖，亦循循可進耳。」[1]學者在養「心」時，應該紬繹義理端緒，涵泳於生活的細微之處，以備養「心」的需要。他說：「惟析夫義理之微，而致察于物情之細，每次存正大之體，尤防己意之偏，擴而充之。」[2]

以義理養「心」，張栻又給學者指明了道路：第一，偏重外物是心存義理的障礙，「以外物為重輕者，不得其欲則不足。得則慊矣……則是不以外物為重輕，志存乎道義而已，則其所進又可量乎？其過人遠矣。」[3]張栻認為，學者在道德修養中應不以外物的輕重得失而或悲或喜，這是與君子之道相悖而行的。學者心存道義，志存高遠，則是勝人一籌的良策。

第二，學者在道德修養過程中，不要讓自身血氣奴役義理，張栻說：

> 人有血氣，則役于血氣。血氣有始終盛衰之不同，則其所役亦隨而異。夫血氣未定，則動而好色；血氣方剛，則銳而好鬥，血氣既衰，則歉而志得。於此而知戒，則義理存。義理存則不為其所役矣。此學者所當警懼而不忘者也。[4]
> 夫勇有大小：血氣之勇，勇之小也；義理之勇，勇之大也。以血氣為勇，則其勇不出于血氣之內，勢力可勝，利害可紬也。

1　（宋）張栻：《張栻全集·孟子說》，第440頁。
2　（宋）張栻：《張栻全集·答呂伯恭》，第891頁。
3　（宋）張栻：《張栻全集·孟子說》，第470頁。
4　（宋）張栻：《張栻全集·論語解》，第211頁。

義理之勇，不以血氣，勢力無所加，利害無所絀也。[1]……故常人為血氣所蔽，是以莫能擇義而處。[2]

張栻認為血氣是人體的重要組成部分，但因自身的道德修養、思想認知不同，血氣盛衰也不同，容易奴役義理，蒙蔽人性善端，學者要謹防小心。他指出，義理之大勇是涵養察識自身問題的大勇，血氣之小勇是追求眼前事理、沒有遠大眼光的小勇。真正的君子應該有義理之大勇，而不應該有血氣之小勇。在存義理與賤血氣方面，他還要學者重視「心」的主宰作用，說道：「血氣亦稟於天，非可賤也，而心則為宰之者也。不得其宰，則倍天遁情，流為一物，斯為可賤矣[3]……何以為大且貴？人心是已。小且賤則血氣是已。以小害大，以賤害貴，則是養其小者，所謂不善也。不以小害大，不以賤害貴，則是養其大者，所謂善也。」[4]張栻指出，學者讓「心」為主宰，順天通理，義理之勇充分發揮自己的潛能與力量，如果沒有「心」的主宰，學者思遁路堵，血氣之小勇乘勢而上，最終蒙蔽學者求知之內心。

學者靜心寡欲是養「心」之要。學者的私欲不可妄大，應以滿足生存所需為基本限度。張栻說：

養心莫善於寡，寡欲為養心之要也。然人固有天資寡欲者、多欲者，其為人寡欲，則不存焉者寡；多欲，則存焉者寡。以是知養心莫善於寡欲也。寡欲則思慮澹，血氣平，其心虛以寧……蓋心有所向則為欲，多欲則百慮紛紜，其心外馳，尚何

1　（宋）張栻：《張栻全集・孟子說》，第258頁。
2　（宋）張栻：《張栻全集・孟子說》，第391頁。
3　（宋）張栻：《張栻全集・孟子說》，第441頁。
4　（宋）張栻：《張栻全集・孟子說》，第443頁。

所存乎？而不存者寡矣。雖然，天資寡欲之人，其不存焉者固寡。然不知存其存，則亦莫之能充也。[1]

張栻認為學者有天資寡欲者、多欲者。學者心存多欲則百慮紛紜，其心外馳，容易被外物所困擾。學者心存寡欲則思慮澹泊，心虛氣平，闡發善念，追求仁道，幾近聖人。張栻指出，學者應逐漸加強自身的道德修養，走出一條清心無欲之路，達到真正的修煉目的，「以寡欲為要，則當存養擴充，由寡欲以至於無欲，則其清明高遠者為無窮矣。」[2]

2 養「性」的道德教育

張栻認為，學者人性本於天，學者貴於保存「性」善，這樣才能順應天理而為。他說：「蓋人與物均本於天而具是性故也。凡有是性者，理無不具是，萬物無不備也[3]……事物之始，無有不善。……所貴乎人者以其能保其性之善，不自流於惡為一物耳。」[4]

張栻指出，學者養「性」應該從以下幾個方面入手：

（1）提倡學者要順「性」而為，不要逆「性」而發，他說：

故水之就下，非有以使之也，水之所以為水，固有就下之理也。若有以使之，則非獨可決而東西也，搏之使過顙，激之使在山，亦可也，此豈水之性哉？搏激之勢然也。然搏激之勢

---

[1] （宋）張栻：《張栻全集·孟子說》，第514頁。
[2] （宋）張栻：《張栻全集·孟子說》，第514頁。
[3] （宋）張栻：《張栻全集·孟子說》，第467頁。
[4] （宋）張栻：《張栻全集·答胡季隨》，第1001頁。

盡,則水仍就下也,可見其性之本然而不可亂矣。若有以使之,則為不善。[1]

性無有不善,其為善而欲善,猶水之就下然也。若所謂不善者,是其所不為也,所不欲也。……雖然,其所不為而人為之,其所不欲而人欲之,則為私欲所動,而逆其性故耳。善學者何為哉?無為其所不為,無欲其所不欲,順其性而已矣。[2]

故君子性其性,而眾人物其性,性其性者,天則之所存也;物其性者,人欲之所亂也。[3]

從張栻的論斷中可以看出,水「搏之使過顙,激之使在山」,非水之本性,水的本性是就順下。學者在養「性」方面也應順「性」之本然,「無為其所不為,無欲其所不欲」,性其「性」是學者順應天理的表現,是學者按照事物的客觀規律進行真理探討、理論闡發的重要方式,學者物其「性」,沒有把全部注意力放在道德修養方面,容易被私欲所擾亂,這是逆「性」而發的具體表現,需要學者高度的警惕。

(2) 窮理盡「性」

在養性方面,張栻要求學者不僅要順「性」而為,也要窮理盡「性」,他說:「萬物有自然之理,一身有自然之性,能窮理盡性,自然於命無所負矣,故曰至于命,如此則天道盡矣。」[4]張栻認為,萬事萬物都有它的自然之理,人與物也有其自然之性,如果能窮盡自然之理、性,那麼對於天命而言,也自然無所違背,能做到窮理盡性以

1　(宋)張栻:《張栻全集・孟子說》,第427頁。
2　(宋)張栻:《張栻全集・孟子說》,第473頁。
3　(宋)張栻:《張栻全集・論語解》,第141頁。
4　(宋)張栻:《張栻全集・南軒易說》,第43-44頁。

至歸順天命，那就能盡天道了。學者在窮理盡「性」的道德修煉時，要努力向聖人學習：

> 夫人者，天地之心，聖人之與眾人均也，豈有二乎哉？眾人有喜怒哀樂，聖人亦未嘗無也；眾人夏葛冬裘，饑食渴飲，聖人亦不能違也。然而聖人之所以為聖人，眾人之所以為眾人者，果何在乎？[1]
> 聖人者能盡其性而盡人之性，盡物之性，以贊天地之化育者也。聖人盡性者也，能盡其性，故為人倫之至。[2]
> 雖然，人皆有是性，則其理未嘗不具也。而人不能循其故者，正以私意之為亂之耳。[3]
> 蓋人皆有是性，故皆可以為堯舜，而其所以異者，則其不為之故耳。[4]

張栻首先以問題的形式，探討了聖人與眾人之間為什麼有這麼大的區別。他指出，眾人與聖人都具有天地之心，均有喜怒哀樂，而聖人之所以能夠成為聖人，在於自己的盡性而為、踐行天道，所以稱得上眾人的楷模。在論述過程中，張栻指出學者道德修養過程中存在的兩點弊病：私意亂為、親自不為。他警惕學者要時刻保持一顆純正之心，不被外物所奴役，自己親自而為，涵養修行，才能臻入堯舜之德的聖地。在盡「性」方面，張栻對學者的期望是：「性之則不假人

---

[1] （宋）張栻：《張栻全集‧孟子說》，第391頁。
[2] （宋）張栻：《張栻全集‧孟子說》，第396頁。
[3] （宋）張栻：《張栻全集‧孟子說》，第385頁。
[4] （宋）張栻：《張栻全集‧孟子說》，第448頁。

為，天然純全，身之則致其踐履之工，以極其至也[1]……盡性則可以踐形矣，蓋形之外無餘性也。[2]」

（3）養「性」兼重養「氣」

養「氣」指修養心中的正「氣」，歷練心性。程子說：「論性而不論氣不備，論氣而不論性不明。」[3]他認為，學者的心性修養建立在自身修養正「氣」的基礎之上，學者只修養心中之「氣」而不修煉心性，則不能昇華自己的精神境界。張栻說：

> 然有太極則有二氣五行，絪縕交感，其變不齊，故其發見於人物者，其氣稟各異，而有萬之不同也。雖有萬之不同，而其本之一者亦未嘗不各具於其氣稟之內，故原其性之本一，而察其流行之各異，知其流行之各異，而本之一者初未嘗不完也，而後可與論性矣。……蓋論性而不及氣，則昧夫人物之分，而太極之用不行矣；論氣而不及性，則迷夫大本之一，而太極之體不立矣。用之不行，體之不立焉，得謂之知性乎，異端之所以賊仁害義，皆自此也。[4]

在張栻看來，學者修養「性」情不養「氣」，則模糊人與物的界限，養性也失去了根本之所在。學者如果養「氣」不養「性」，則迷失太極之本，這也是異端之所以與仁義相悖而行的原因所在。張栻認為，學者養「氣」的主要方法是集「義」，他說：「不集義則氣日餒

1　（宋）張栻：《張栻全集・孟子說》，第481頁。
2　（宋）張栻：《張栻全集・孟子說》，第488頁。
3　（宋）程顥、程頤：《二程集》，第94頁。
4　（宋）張栻：《張栻全集・孟子說》，第428頁。

矣……若夫善養氣者，則集義而已，無必其成之意也。惟其功不舍，而亦不迫切，故氣得其養，而浩然者可以馴致焉。猶夫善養苗者，耘籽浸灌，不失其時，雨露之滋，天時之至，其長也，蓋有不期然而然者，是皆循天理之固然。」[1]學者集義厚重，則養氣有道，正氣充足，在前進過程中，能夠平衡自己的「心」、「性」、「氣」，順應天理而行。這一道德修養的過程就如同養育禾苗一樣，雨露滋潤，循循漸長，不期而然。

在學者護「心」養「性」道德修養篇的最後，張栻從物格知至的角度做了總述，首先陳述其原因：

> 知性之所素具于我者，則知天之所以為天性之理，此物格知至之事，然人雖能盡心之體，以知性之理，而存養之未至，則於事事物物之間，其用有未能盡者，則心之體未能周流而無所滯，性之理亦為有所未完也。故必貴於存心養性焉。存之、養之，是乃所以事天者也。[2]

學者知「性」而為、順天而行，孜孜不倦，漸知事物的真理，周流無滯。張栻認為，學者存「心」不放、養「心」不待，這是敬天事、行仁德的重要表現。如果學者能夠做好護「心」養「性」，則「私意脫落，萬理貫通，盡得此生生無窮之體也。盡得此體，則知性之稟於天者，蓋無不具也。」[3]

在對學者護「心」養「性」的道德修養教育中，張栻指出，人「心」能推，「心」宰萬物，「心」主性情，不但說明了學者有接受教

---

[1] （宋）張栻：《張栻全集·孟子說》，第478頁。
[2] （宋）張栻：《張栻全集·孟子說》，第464頁。
[3] （宋）張栻：《張栻全集·孟子說》，第464頁。

育的願望、而且突出了學者加強道德修養的主觀能動性。在存養人「性」論中，張栻指出，人「性」至善。聖人與眾人氣察雖異，但修煉路徑無差，眾人無不可改變之氣，唯有不間斷地修煉自我，方可進入聖人修養的境地。這就從「心性」論角度證明了：學者只要充分發揮自身的主觀能動性，加強自身道德修養，不斷涵養察識，「學成聖人」就可以成為現實。張栻頗具特色的「心性」道德修養內容在一定程度上吻合了「盼至聖人」的培養目標。

（二）求「仁」

「仁、義、禮、智、信」為儒家「五常」，孔子提出「仁、義、禮」，孟子延伸為「仁、義、禮、智」，董仲舒又加入「信」，說：「仁義禮智信五常之道」[1]，把「仁」、「義」、「禮」、「智」、「信」說成天地長久的法則。「五常」貫穿於中華倫理的發展中，成為中國價值體系中的最核心因素。它們自古以來被儒家看作是學者道德修養內容的主要組成部分。張栻對學者進行求「仁」教育之前，對「仁」、「義」、「禮」、「智」、「信」的內涵做了概述：

> 仁義禮智根于心，而生色于外，充盛著見，自不可揜，故其睟然之和見於面，盎于背，施于四體，四體不言而喻，涵養擴充，積久而熟，天理融會，動容周旋，無非此理，而內外一也[2]……而其端緒之著見，則為惻隱、羞惡、辭讓、是非之心。人之良心具是四者，萬善皆管焉，外此則非性之所有，妄而已矣。人

---

1 （西漢）董仲舒著、袁長江點校：《董仲舒全集·賢良對策》，北京：學苑出版社2003年版，第10頁。
2 （宋）張栻：《張栻全集·孟子說》，第476頁。

之為人，孰不具是性？若無是四端，則亦非人之道矣。[1]

　　從張栻的闡述中可知，「仁」、「義」、「禮」、「智」存在於人性之中，根於心，其端緒之著見，則為惻隱、羞惡、辭讓、是非之心。如果人性中無四者，則妄議作為、不懂辭讓、不辨是非，為非人道。關於五常中的「信」，張栻認為：「忠信者只是誠實[2]……蓋義為體，而禮與遜所以為用，而信者又所以成終者也。信則義行乎事事物物之中，而體無不具矣[3]……篤信好學，而後能守死善道。」[4]「信」是衡量學者道德品質的最終標準，篤「信」是誠實的表現，學者篤「信」才能踐「義」而行，嘉守善道。

　　既然「仁」、「義」、「禮」、「知」、「信」在道德修養中占如此重要的地位，張栻認為學者應著重從這幾方面入手，加強自身的道德修養，他說：

> 既知人皆有是四者，皆當擴而充之，若火之始然，泉之始達，蓋無窮也。充夫惻隱之端，而至於仁不可勝用，充夫羞惡之端，而至於義不可勝用；充夫辭讓之端，而至於禮無所不備；充夫是非之端，而至於知無所不知。然皆其理之具於性者，而非外為之也。[5]

　　在張栻看來，學者追求「仁」道、崇尚「義」、「禮」，明知通

1　（宋）張栻：《張栻全集・孟子說》，第290頁。
2　（宋）張栻：《張栻全集・孟子說》，第443頁。
3　（宋）張栻：《張栻全集・論語解》，第201頁。
4　（宋）張栻：《張栻全集・論語解》，第132頁。
5　（宋）張栻：《張栻全集・孟子說》，第291頁。

達、守信致明，就如同星星之火、涓涓溪流，順流不竭，在正確倫理道德的引領下，不斷修煉自身。

「仁」是儒家學說的主要內容，包括孝、弟（悌）、忠、恕、禮、知、勇、恭、寬、信、敏、惠等內容，對中華文明的傳承發展產生了重大影響。《禮記・經解》中提到：「上下相親謂之仁。」[1]這裡指出人行孝悌，歸於「仁」德。宋代理學家胡宏說：「仁者，天地之心。心不盡用，君子而不仁者，有矣。」[2]胡宏認為，學者踐行「仁」道，方獲天地之心，君子盡心而仁，歸寧天道，違心而做，悖逆天理。他從本體論的角度闡釋「仁」德，對當時學者的「仁」德認知，產生重要的影響。

張栻自幼受儒家「仁」學的薰陶，但「仁」學思想並不是一時之感興，而是在較長的時間裡琢磨思索之結果。蘇鉉盛在《張栻早期仁學思想考》一文中指出：「張栻仁學的發展和演變可分為兩個階段。其一是從哀集舊編《希顏錄》、編纂《洙泗言仁錄》到修訂《希顏錄》為一段；其二是從爭論觀過知仁、以覺訓仁、朱熹《仁說》到自作《仁說》為另一段。」[3]張栻從哀集《希顏錄》起，直到撰寫《仁說》是一個漫長的過程，當然中間不可避免會有一些觀點、思想的改變和轉折。張栻在日常生活中通過自悟自學，與朋友切磋（主要是朱熹），不斷充斥和完善自己的「仁」學思想，最終完成了《仁說》的寫作。《仁說》標誌著張栻「仁」學思想的初步形成，這是他對學者進行「仁」學道德教育的基礎與關鍵之所在。「仁」與學者自身的發展、求「仁」過程中孝悌先行是張栻在「仁」學方面對學者道德教育的主要內容。

1　《十三經注疏・禮記・經解》，北京：中華書局1979年版，第1610頁。
2　（宋）胡宏著，吳仁華點校：《胡宏集・知言》，北京：中華書局1987年版，第4頁。
3　蘇鉉盛：〈張栻早期仁學思想考〉，《孔子研究》2003年第5期。

1 「仁」與學者自身的發展

張栻強調,「仁」德在學者自身修煉過程中發揮著重要的作用。學者要內知「仁」德之要,外行「仁」德之舉,身體力行,功夫浸密,勿被外物所擾,勿讓惡念所縈,學者求「仁」之過程要經受時間之考驗,不因一時興致而獲得良好結果。

(1)「仁」的重要性

張栻認為「仁」存於人性之中,同時他又指出「仁」為「四德」之長。「四德」一詞見於《周禮・天官・內宰》,後來與「三從」連稱,成為對婦女道德、行為、能力和修養的標準即「三從四德」。後來孟子提出「四德」,即「仁」、「義」、「禮」、「智」。張栻說:

> 人之性,仁、義、禮、智四德具焉:其愛之理則仁也,宜之理則義也,讓之理則禮也,知之理則智也。是四者雖未形見,而其理固根於此,則體實具於此矣。性之中只有四者者,萬善皆管乎是焉。而所謂愛之理者,是乃天地生物之心,而其所由生者也。故仁為四德之長,而又可以兼能焉。[1]

從以上論述可以得知,「仁」、「義」、「禮」、「智」四德蘊含在人性之中,「仁」德顯泛愛之象,「義」德規範行為之要領、「禮」德盡顯謙讓之風、「智」明曉道理之根本。四者存於人心之中,善念萌發,善意彰顯。張栻指出,「仁」為愛之理,歸順天地生物之心,是衡量道德高尚之人的首要標準,所以為四德之長。這是學者追求「仁」德的重要意義所在。學者在自身修煉的過程,要在「仁」德之

---

1 (宋)張栻:《張栻全集・仁說》,第803頁。

風的弘揚下，崇尚義理、遵守禮節、明達通理，以進聖人之境。

（2）學者應追求「仁」德

張栻從學者仰慕聖人、盼至聖人的角度，告知他們求「仁」的重要意義，他說：

> 仁者，聖學之樞，而人之所以為道也。[1]
> 然而欲遊聖門，以何為先？其惟求仁乎![2]
> 惟仁者為能克己，故能好人，能惡人，莫非天下之公理而已。志於仁則無不善。[3]
> 故學必貴於求仁也。[4]

張栻指出，學者踐行「仁」德就是內心求聖的過程，學者聚「仁」越厚，學聖越深。「仁」德之人順應天下之公理，能夠克制自己，能夠對人之好惡、事物的發展趨勢，做出公正的裁決與判斷，學者追求「仁」德，方能領悟儒家思想的精髓之所在。

張栻強調，學者應該不斷求「仁」，提升思想境界，以成為君子。他說：

> 君子之所以為君子者，以其不已於仁也，去仁則何自而成君子之名哉？[5]

1　（宋）張栻：《張栻全集·論語說序》，第752頁。
2　（宋）張栻：《張栻全集·答陳擇之》，第904頁。
3　（宋）張栻：《張栻全集·論語解》，第92頁。
4　（宋）張栻：《張栻全集·洙泗言仁序》，第752頁。
5　（宋）張栻：《張栻全集·論語解》，第93頁。

君子其可以不務本乎？然則其在人也本安，在乎仁是也。[1]

君子為人格高尚、智慧明達、品行兼優之人。學者能夠成為君子，最關鍵的步驟在於不斷追求「仁」德，漸入「仁」德之境，這不僅是學者務本之表現，也是他們安心順理之內蘊。張栻在對學者進行「仁」德的教育過程中，不僅讓他們以盼至聖人為目標，也讓他們努力向君子看齊。

（3）求「仁」是踐行人「道」

關於「仁」與「道」之間關係論述，最早見於《易‧說卦》，「立天之道，曰陰與陽；立地之道，曰柔與剛；立人之道，曰仁與義。」[2] 這裡指出追求「仁」德、踐行「義」理是立人之「道」的重要條件。宋代理學家朱熹把「仁」看成是做人的道理，認為學者行「仁」，則是為踐行人「道」。他說：

> 人之所以得名，以其仁也。言仁而不言人，則不見理之所寓，言人而不言仁，則人不過是一塊血肉耳。必合而合，方見得道理出來。[3]
> 仁者，人之所以為人之理也。以仁之理，合於人之身而言之，乃所謂道也。[4]

1　（宋）張栻：《張栻全集‧孟子說》，第379頁。
2　《十三經注疏‧易‧說卦》，北京：中華書局1979年版，第93頁。
3　（宋）黎靖德著，王星賢點校：《朱子語類‧孟子十一》，北京：中華書局1994年版，第1459頁。
4　（宋）朱熹：《朱子全書‧孟子‧盡心下》，合肥：安徽教育出版社、上海：上海古籍出版社2002年版，第448頁。

朱熹把「仁」德運行與人體之舉，融為一體，他指出，學者追求「仁」德不能僅限淺層領悟，更多應從內心深處、言行舉止充分體現出來。學者追求「仁」德，是歸順天理、歸寧人倫之理的具體過程，體現於自身的修煉過程之中，就是踐行人「道」。

張栻從陰陽對立的角度出發，闡釋了「仁」與「道」之間的關係，他說：

> 仁字對道字而言，乃是周流運用處。右為陽，而用之所行也；左為陰，而體之所存也……仁者天下之正理，此言仁乃天下之正理也。天下之正理體之於人，所謂仁也。[1]

張栻認為「仁」為陰，是人本身所具有的內在品行，「道」為陽，是學者外化「仁」德的具體實踐過程。在他看來，學者追求「仁」德的過程就是將歸順天地之心的「理」作用於人言行舉止之行，學者感受其內在實質，體悟其實際意義所在。張栻說：

> 仁者，人也，仁謂仁之理，人謂人之身。仁字本自人身上得名，合而言之，則人而仁矣，是乃人之道也。[2]
> 蓋仁者，人之道而善之長。[3]
> 仁義立而人道備矣。[4]
> 人道既廢，則雖有四體，其能保諸？是不仁者，乃趨死亡之道也。人莫不惡死亡而樂於為不仁，與惡醉而強飲酒者無以異也。[5]

1　（宋）張栻：《張栻全集・答吳晦叔》，第824頁。
2　（宋）張栻：《張栻全集・孟子說》，第502頁。
3　（宋）張栻：《張栻全集・論語解》，第93頁。
4　（宋）張栻：《張栻全集・孟子說》，第502頁。
5　（宋）張栻：《張栻全集・孟子說》，第349頁。

從論述中可以看出,「仁」德與善人之舉相結合則為人「道」,學者追求「仁」德崇尚「義」理則人「道」充實、人心安寧。如果學者不踐行「仁」道,則人倫廢弛,雖有四體,如已醉強飲,惡行悖道,終無大益。

(4) 求「仁」在己

張栻認為,學者要想達到「仁」的境界,關鍵在於自己如何去做,發自內心而行,而不是由他人來監督與推動。《晉書・溫嶠傳》中也提到此種看法:「夫忠為令德,為仁由己,萬里一契,義不在言也。」[1]君子追求「仁」德,關鍵在己,契合天地,旻和萬物,這樣的自我修煉,才見真效。張栻持相同的看法,指出學者為「仁」由己的重要意義:

> 士之所任者重,而其道遠,非弘毅則何以勝其重而致其遠乎?所為任之重者,以仁為己任故也。[2]
> 仁豈遠于人乎?患人不欲之耳,欲之斯至。蓋仁非有所而可往至之也,欲仁而仁至,我固有之也。[3]
> 人而不仁,病於有己。[4]
> 為仁未有力不足者,故仁以為己任者,死而後已焉。[5]
> 為仁固由己,而亦資朋友輔成之。[6]

1　(唐)房玄齡等撰:《晉書・溫嶠傳》,北京:中華書局1974年版,第1792頁。
2　(宋)張栻:《張栻全集・論語解》,第131頁。
3　(宋)張栻:《張栻全集・論語解》,第125頁。
4　(宋)張栻:《張栻全集・論語解》,第106頁。
5　(宋)張栻:《張栻全集・論語解》,第110頁。
6　(宋)張栻:《張栻全集・論語解》,第173頁。

從張栻對學者求「仁」的道德教育過程中，可以歸納四點內容：首先，學者加強自身的道德修養，任重道遠，求「仁」由己，擔起重任，歸順平生。其次，求「仁」由己，要發自內心，不求外物、不悖天理，覺悟自省、自我修煉，歸至聖境。再次，求「仁」為己，一心一念，堅持不懈，倘若廢弛，無效而終。最後，學者在追求「仁」德的過程中，也需朋友幫助，他山之石，可以攻玉，在朋友的指引與幫助下，學者求「仁」之果變得更為成熟。張栻認為，鍥而不捨精神在學者求「仁」過程中，發揮著重要作用，他說：「養苗者不失其耘耔，無逆其生理。雨露之滋，日夜之養，有始有卒，而後可以臻厥成。或舍而弗耘，或揠而助長，以至於一暴十寒，則苗而不秀，秀而不實矣。」[1]張栻認為，農民培育禾苗應不失耘耔，不逆生理，日夜滋養，終有所獲，學者求「仁」則亦然，「求所以盡人之道，其任重矣[2]……為仁由己，勉而不舍，自有所至，固不可以預期歲月，而逆針所成也[3]……用力為仁，無力不足之患。」[4]學者勤勉不舍，用力砥礪，仁德既期，善念及盈。

2 追求「仁」德，孝悌先行

孝悌主要指對父母、兄弟姊妹的愛。《孝經》中：「夫孝，德之本也。又，天之經也，民之行也。」[5]從中可知，孝悌是一個人最基本的道德品行，為天理之經，行動之根。儒家學者討論「仁」德的根源和基礎問題時，都從孝悌談起。「因為孝悌乃人之最原初的、最真切

---

1 （宋）張栻：《張栻全集·論語解》，第142頁。
2 （宋）張栻：《張栻全集·論語解》，第131頁。
3 （宋）張栻：《張栻全集·論語解》，第132頁。
4 （宋）張栻：《張栻全集·論語解》，第93頁。
5 《十三經注疏·孝經·三才》，北京：中華書局1979年版，第2549頁。

的自然感情（血親之情）。」[1]孔子曾說：「其為人也孝弟，而好犯上者，鮮矣；不好犯上，而好作亂者，未之有也。君子務本，本立而道生。孝弟也者，其為仁之本與？」[2]孔子認為，人行孝悌之事，知禮敬之理，那麼侵犯長上的事，就已經深以為恥了，再去為非作亂，那是不可能的。可見，孝悌是君子務本之事，行本之舉，是學者踐行「仁」德的重要行為。宋代理學家程頤認為，「仁」作為人固有的善性，孝悌則是「仁」性發而為用的具體表現。[3]當弟子問：「『孝弟為仁之本』，此是由孝弟可以至仁否？」[4]時，程頤答曰：「非也。謂行仁自孝弟始。蓋孝弟是仁之一事，謂之行仁之本則可，謂之是仁之本則不可。蓋仁是性也，孝弟是用也。性中只有仁義禮智四者，幾曾有孝弟來？仁主於愛，愛莫大於愛親。故曰：『孝弟也者，其為仁之本與！』」[5]從程頤與弟子對話的內容可以看出，程頤把孝悌之事與踐行「仁」德看作君子務本的同一事情，學者追求「仁」德，反對把孝悌與「仁」德割裂而論。愛人是君子實行「仁」德的根本，孝悌是君子愛人的核心內容。

張栻在對學者講述孝悌與「仁」之關係時，首先提到「仁」者愛人。他說：

> 仁者視萬物猶一體，而況人與我同類乎？故仁者必愛人。[6]
> 而有所不愛者，是為私意所隔，而愛之理蔽於內也。[7]

1　張世英：《儒家與道德》，《社會科學戰線》2006年第1期。
2　《十三經注疏‧論語‧學而》，北京：中華書局1979年版，第2547頁。
3　劉玉敏：〈二程對「孝悌其為仁之本」的解讀及其倫理意義〉，《蘭州學刊》2007第4期。
4　（宋）程顥、程頤：《二程集》，第183頁。
5　（宋）程顥、程頤：《二程集》，第183頁。
6　（宋）張栻：《張栻全集‧論語解》，第172頁。
7　（宋）張栻：《張栻全集‧孟子說》，第495頁。

仁者愛人，故能以大事小。[1]

　　張栻告訴學者，有「仁」德之心的人，心胸敞亮，格局遠大，視萬物為一體，能夠充分發揮自己的君子之風尚，所以「仁」者愛人方面表現出自己的道德風範。

　　學者在施展「仁」者之愛時，應有自己的行為準則與道德規範，張栻對此有自己的看法，他將自己的心得傳授給學生，讓他們結合現實生活進行反思與琢磨，力求更大的進步。首先，學者所施之愛應將人與物區別對待：

> 夫愛固亦仁也，然物對人而言，則有分矣。蓋人為萬物之靈，在天地間為至貴者也。人與人類，則其性同，物則各從其類，而其性不得與吾同矣。不得與吾同，則其分不容不異……若於物而欲仁之，固無其理；若於人徒愛之而已，則是但以物交，而人之道息矣。[2]

　　人為萬物之靈，不能與物同論耳語。學者對物施於愛意無可厚非，但於物行「仁」則是無理，因為施「仁」於物，容易遭「物」之亂「心」，堵塞天理在自我修行過程中的運行，私欲滿於內，惡行溢於外，學者不能眼明心靜，求「仁」過程不能得到順利開展。

　　其次，學者對人施愛要有等差輕重，最重要的是施愛於自己的親人，這是「仁」、「義」二道相合之表現，張栻說：

1　（宋）張栻：《張栻全集・孟子說》，第364頁。
2　（宋）張栻：《張栻全集・孟子說》，第493頁。

> 蓋仁故能愛，愛莫大於愛親[1]……親親，仁之道也[2]。
> 故其等差輕重，莫不有別焉，此仁義之道相為用者也。若夫愛無差等，則是無義也；無義則亦害夫仁之體矣，以失其所以為本之一者故也。[3]
> 若墨氏愛無差等，即是二本。[4]

親親之心，大公之體。如果仁者對人施行沒有差等之愛，則是失「義」，破壞了判斷正確曲直的標準，沒有道「義」之行為則傷害「仁」德之體，由此動搖做人之根本。張栻將儒家的有差等施愛與墨家無有差等施愛進行了鮮明的對比，由此得出，墨家的施愛方法與準則，易被物所擾，是學者不應該效仿的，因為這是心體不一致、內外不統一的道德修養方法。

張栻強調學者在求「仁」過程中，應該把「孝悌」看作首要且必備的課程，這是穩人心、固守人本之前提。他說：

> 蓋孝悌者，天下之順德，人而興於孝悌，則萬善類長，人道之所由立也。譬如水有源，木有根，則其生無窮矣。故善觀人者，必於人倫之際察之，而孝悌其本也。然則士之進學，亦何遠求哉？莫不有父母兄弟也，愛敬之心豈獨無之？是必有由之而不知者，盍亦反而思之乎？反而思之，則所以用力者蓋有道矣。[5]

---

[1] （宋）張栻：《張栻全集·孟子說》，第364頁。
[2] （宋）張栻：《張栻全集·孟子說》，第449頁。
[3] （宋）張栻：《張栻全集·孟子說》，第326頁。
[4] （宋）張栻：《張栻全集·答陳平甫》，第970頁。
[5] （宋）張栻：《張栻全集·雷州學記》，第687頁。

可見，考核學者的道德品行的首要標準就是孝悌，人行孝悌之道，是萬善之開端，人道由此而立。學者明鑒人倫、親近父母、親歷而為，才能深刻體悟孝悌的本質含義。具體而言，學者對待親人應該：「為孝必自冬溫夏清、昏定晨省始，為弟必自徐行後長者始[1]……心存乎其親，聽於無聲，視於無形，其體之精矣。故幾微所形必得於心。」[2] 學者從日常生活的小事做起，從細微之處著手，才能將孝悌之義入心，將孝悌之事做實。「敬」是學者行孝悌之事的綱，「誠」是學者行孝悌之事的目。張栻警示學者在盡孝悌之事時要以「敬」為本，以「誠」為要：

> 事親以敬為本，養而不知敬則但為養而已，是何以別乎，以敬為本，則所以養者固亦在其敬之中矣。[3]
> 豈徒溫清之奉甘旨之養而已哉，蓋有道焉，反身而誠則有以順乎親矣。[4]

學者盡孝道而不知敬，則失去盡孝的實際意義。學者盡孝道並非淺層面的照顧，也要依據天道而為，至「誠」順「義」、主敬為本，方可觸摸到孝道之靈魂，這樣才能全面地完成盡孝之過程。

在辦學指導思想方面，張栻主張以「成就人材，以傳道濟民」為方針，這是他「經世致用」為特色教育思想的主要體現。他不僅要求學者在道德修養過程追求「仁」德，學成而仕後，在治理國家時也應以求「道」為本，實施仁政。張栻指出：「君子之仕，本以行道也，

---

1 （宋）張栻：《張栻全集·弗措齋記》，第723頁。
2 （宋）張栻：《張栻全集·論語解》，第97頁。
3 （宋）張栻：《張栻全集·論語解》，第76頁。
4 （宋）張栻：《張栻全集·孟子說》，第356頁。

非欲貴求富也。昔之人道不得行，則不敢以居其官[1]……天下有道，則身達而道行，所謂以道殉身也。天下無道，則身退而守道。」[2]張栻認為士人實行仁政，本以行道，以道殉身，才符合君子的標準，這也是踐行堯、舜治國之「道」的表現，他說：

惟夫行仁政，是所以為堯舜之道也。[3]

堯舜之道，天下之達道也；非堯舜之道，皆小道而已。小道亦各有所長，非無可觀也。然以致遠，則必有弊，而不可以行。[4]

夫君子仁義修於身，其居是國也，用之則民被其澤而安富，君由其道而尊榮；如其未用，子弟從之，則亦薰陶乎孝悌忠信之習，而足以善俗。君子有益於人之國若是，其為不素餐孰大焉？不然，飾小廉而妨大德，徇末流而忘正義，非君子之道也。[5]

從論述中可以看出，堯、舜治國理政之道，非堯、舜之所自為也，是順應天理的表現，民被澤而富，則為大道。統治者如果不能實行仁政，逆天道而行，民怨載道，則是百姓所厭惡的小道。士人實行仁政是自己「仁」心散發於國家的重要行為表現，是興邦護國的重要措施，也是百姓歸心的前提。如果士人「有仁心仁聞，而不能行先王之道者，蓋雖有是心，不能推而達之，故民不得被其澤，不足以垂法於後也。」[6]

---

1 （宋）張栻：《張栻全集・跋宇文中允傳》，第1023頁。
2 （宋）張栻：《張栻全集・孟子說》，第491頁。
3 （宋）張栻：《張栻全集・孟子說》，第346頁。
4 （宋）張栻：《張栻全集・論語解》，第229頁。
5 （宋）張栻：《張栻全集・孟子說》，第483頁。
6 （宋）張栻：《張栻全集・孟子說》，第346頁。

最後以張栻心中「仁」與不「仁」的區別來作為君子求「仁」篇的結束語，以告知學者齊家、治國、平天下是一項艱鉅的任務，學者不僅要加強自己的道德修養，心平氣和對內、仁義禮治對外，這樣才能把自身的仁德充分發揚下去。追求「仁」德是個自身修養的重要環節，學者不可以懶散態度爭取，而是應該日循天道、積極而行。張栻說：

> 仁者非有意于榮，仁者固榮也。在身則心和而氣平，德性尊而暴慢遠；在家則父子親而兄弟睦，夫婦義，長幼序。推之于國而國治，施之于天下而天下平，烏往而不榮也？若夫不仁之人，咈理而徇欲，一身將不能以自保，而況於其它乎？夫人之情，孰不惟辱之惡？而乃自處於不仁，則以私欲蔽之，而昧夫榮辱之幾故也。如惡之，則當勉於為仁而已。[1]

（三）崇「義」賤「利」

「義利之辨」是指道德行為與物質利益之間的爭辯。孔子在《論語·里仁》中提出：「君子喻于義，小人喻于利。」[2]孔子把「義」、「利」崇尚作為君子小人之間的區別之一。孟子繼承孔子思想，特別推重「義」。他認為「義」是「人之正路」。為了「義」，他甚至表示願意放棄生命，曾說：「生，亦我所欲也；義，亦我所欲也；二者不可得兼，舍生而取義者也。」[3]董仲舒提出「義、利」共存的觀點。他說：「天之生人也，使人生義與利。利以養其體，義以養其心。心

1　（宋）張栻：《張栻全集·孟子說》，第287頁。
2　《十三經注疏·論語·里仁》，北京：中華書局1979年版，第2471頁。
3　《十三經注疏·孟子·告子上》，北京：中華書局1979年版，第2471頁。

不得義不能樂,體不得利不能安。」[1]從論述中可以看出,董仲舒主張義利並取,但應該是「正其義」的前提下「謀其利」。

明「義利之辨」是張栻對學者道德教育的主要內容之一。他強調辨明「義」與「利」是「入學之門」:「事無巨細,莫不有義利之兩端存焉[2]……學者潛心孔孟,必求其門而入,愚以為莫先於明義利之辨。[3]」其眼中的「義利」觀是:

義者天理之公。[4]

至於利,則一己之私而已。[5]

夫義,人之正路也,義者存於中而形于外者也。[6]

義言用,窮而不失義,則無所慕乎外,故有以自得其己。[7]

譬之途焉,善則天下之正逵,而利則山徑之邪曲也。[8]

從張栻對「義利」對比分析來看,他把「義」看成是天理之公,天下之正逵;與之相對的「利」則是一己之私,山徑之邪曲。所以他要求學者崇「義」賤「利」。張栻說:「惟君子之心無適也,而亦無莫也,其於天下惟義之親而已[9]……義之所在,君子蹈之,如饑之必食,渴之必飲,不可改也。若一毫私意亂之,則顧藉牽滯,而卒失其

---

1 (西漢)董仲舒著,袁長江點校:《董仲舒全集·春秋繁露·身之養莫重於義》,北京:學院出版社2003年版,第207頁。
2 (宋)張栻:《張栻全集·孟子說》,第330頁。
3 (宋)張栻:《張栻全集·孟子講義序》,第753頁。
4 (宋)張栻:《張栻全集·論語解》,第206頁。
5 (宋)張栻:《張栻全集·孟子說》,第479頁。
6 (宋)張栻:《張栻全集·論語解》,第94頁。
7 (宋)張栻:《張栻全集·孟子說》,第469頁。
8 (宋)張栻:《張栻全集·雷州學記》,第688頁。
9 (宋)張栻:《張栻全集·論語解》,第94頁。

第三章　張栻對學者的道德教育 ❖ 97

正矣。」[1]在張栻看來，君子在日常生活中崇尚義理，是遵循客觀規律之表現，不應因外物的干擾與私欲的蒙蔽，而發生改變。

張栻認為學者能夠做到崇「義」貶「利」，關鍵是「心」發揮著主宰作用。他說：

> 義之所以謂之路者，以其宜之可推也。禮之所以謂之門者，以其節之不可越也。二者人性之所有，譬之路與門，有足者皆可以由，可以出入也，而君子獨能之者，何哉？眾人迷于物欲，而君子存其良心故也。[2]
> 事事物物，皆有義存焉，而著於吾心。苟能體是心而充之，則義可得而精也。[3]

在張栻看來，學者存「心」為主，用「心」為要，身體力行，修行察識，逐漸可以進入義理之門。在道德修養過程中，如果學者迷於物欲，遠於禮節，「心」非為宰，會被義理拒之門外。

學者見利而忘其義，鑽穴隙之心，非廓然之舉。張栻通過闡明學者逐「利」忘「義」的弊端，來提醒他們崇「義」的重要，他說：

> 「苟惟見利而忘其義，皆鑽穴隙之心也」[4]……放于利而行者，者，凡事每求便利於己也。怨由不得其欲而生。彼雖每求便利，而事亦豈能盡利於己哉？不得其欲，則怨矣。其胸次擾擾，無須臾以寧也。[5]如果學者舍義逐利，就如「顧舍其正，而

1　（宋）張栻：《張栻全集·把鄭威潛事》，第1025頁。
2　（宋）張栻：《張栻全集·孟子說》，第423頁。
3　（宋）張栻：《張栻全集·孟子說》，第374頁。
4　（宋）張栻：《張栻全集·孟子說》，第333頁。
5　（宋）張栻：《張栻全集·論語解》，第95頁。

而弗由以自陷于崎嶇荊棘之間，而不知善之所以為善。」[1]

張栻指出，學者逐利而行，凡事都求名，悖義而做，凡事都追利，就會忽略事物存在的客觀性與規律性。當不能實現自己的願望，就產生怨氣，「以物喜、以己悲」，患得患失，從而阻礙自己的進步。他說：

患得患失者，以得失為事也。其所為患得者，乃計利自便之心。惟其有是心，故既得則患失矣。其患失之心，乃患得之心也。[2]

張栻認為學者逐「利」的原因是以外物為重，而輕「義理」，「不知道義之可貴，則外物為重矣[3]……蓋於其所不當受而受，其動於物固也，若於所當受而不受，是亦為物所動而已矣……惟義之安，而外物何有乎？」[4]

「主敬」、防微杜漸、謹防細節是張栻提供給學者的集「義」方法。北宋理學家程頤認為「集義」與「主敬」在道德修養中是緊密聯繫在一起的，他說：「敬義夾持，直上達天德自比。敬立而內直，義形而外方。」[5]在集「義」過程中，程頤認為「敬」之所以必要，就在於它能「誠敬」持守其「道」，使「心」從感性中超脫出來，不為物累。張栻同意其看法，論述到：

---

[1] （宋）張栻：《張栻全集·雷州學記》，第689頁。
[2] （宋）張栻：《張栻全集·論語解》，第219頁。
[3] （宋）張栻：《張栻全集·孟子說》，第468頁。
[4] （宋）張栻：《張栻全集·孟子說》，第298頁。
[5] （宋）程顥、程頤：《二程集》，第132頁。

> 集義以敬為主，勿忘、勿助長，是乃敬之道也[1]……敬與義蓋相須而成者也，敬以直內，義以方外，敬義立而德不孤，義形于外，非在外也，蓋主於敬，而義自此形焉，敬與義體用一源而已矣。[2]

張栻認為，學者集「義」過程中應該以主「敬」為主，「敬」、「義」內外相合，主「敬」則學者的言行舉止有規範的標準，集「義」可以充分發揮主「敬」的用力深度，兩者體用一源，自己的道德修養才會上升到一個新的境界，善莫大焉。

2、防微杜漸是學者在集「義」方面應必備之方法，善念易動，重在慎行。張栻說：

> 夫善者，天理之公。孳孳為善者，存乎此而不舍也。至于利，則一己之私而已，……夫義利二者相去之微，不可以不深察也，學者于操舍之際驗之，則可見其大端而知所用力矣，用力之初，舜蹠之分，未嘗不交戰也，蓋所謂善者，雖人性之所素有，而所謂利者，乃積習之深固，未易遽以消除也。斯須之間，是心存焉，則為善之所在，而舜之徒也。一不存焉，則為利之所乘，法而蹠之徒矣，可不畏哉！[3]

從以上內容可知，「義」、「利」二者相去甚微，學者在道德修養過程中，時刻面臨著「利之徒」乘機侵犯「善之端」的危險，學者心存善念、順道而行，才能越來越靠近「義」，如果放縱自己，則有跌

1　（宋）張栻：《張栻全集·答胡季履》，第904頁。
2　（宋）張栻：《張栻全集·孟子說》，第430頁。
3　（宋）張栻：《張栻全集·孟子說》，第478頁。

入求「利」的深谷，不可自拔。張栻在傳授道德修養思想的同時，不斷警示學者崇「義」、求「利」的結果大相徑庭，「蓋出義則入利，去利則為善也，此不過毫釐之間，而有白黑之異霄壤之隔焉。」[1]學者要想真正修煉崇「義」人格，就要「居敬以為本，造次克念，戰兢自持，舊習浸消，則善端益著，及其至也，私欲盡而天理純，舜之所以聖者，蓋可得而幾矣。」[2]學者居敬為本，克除內心的雜念，才能引導更多的善念走進內心，心正言順，心誠路明，這是聖人修道成聖的入手點。

張栻是南宋教育家中一個很有特色的人物，他不僅把「義利之辨」提到了學者道德修養的重要地位，還從統治者治國策略的「王道」與「霸道」之對比對「義利之辯」進行了較為全面的論述，以告誡學成為士崇「義」賤「利」的現實意義。他說：

> 學者要須先明王霸之辨而後可論治體，大抵王者之政，皆無所為而為之，伯者則莫非有所為而然也，無所為者天理，義之公，有所為者人之欲，利之私也。王霸之分，德與力也。以力假仁者，以其勢力假仁之事以行之……若夫以德行仁，則是以德而行其仁政，至誠惻怛，本於其心，而形於事為，如木之有本，水之有源也[3]……霸者之為利小而近，目前之利，民欣樂之，故曰驩虞如也。……王者之化遠且大，涵養斯民，富而教之民，安於其化，由於其道，而莫知其所以然也，故曰皞皞如也。詳味此兩言，則王伯之分可見矣。[4]

1　（宋）張栻：《張栻全集・雷州學記》，第689頁。
2　（宋）張栻：《張栻全集・孟子說》，第479頁。
3　（宋）張栻：《張栻全集・孟子說》，第286頁。
4　（宋）張栻：《張栻全集・孟子說》，第471頁。

張栻認為「無所為」是人性的本然狀態，是「天理」之行，是學者修行過程中行「義」的準則，「無所為」之政也是王道政治。「有所為」是私欲亂擾，是行利之為，有所為者之政是霸道政治。士人為官時，應該：「以義之所存，而非為利祿也[1]……若是為舉業而來，先懷利心，豈有就利上誘得就義之理！」[2]君子為官，心存義理，施於政治，舉業於民，民受其恩，方為正道。如果士人為政，淺為義理，實求利祿，民得其困，悖行天道。最後，張栻對今人的「賤義尋利」表示惋惜：

> 古之士，修身於下，無一毫求於其君之心，而人君求賢於上，每懷不及之意，上下皆循乎天理，是以人才眾多而天下治。逮德之衰，在下者假名而要利，在上者徇名而忘實。而人才始壞矣。降及後世，則不復以仁義忠信取士，而乃求之於文藝之間，自孩提之童則使之懷利心而習為文辭，並與其假者而不務矣，則人才何怪其難得，而治功何怪其難成乎？可勝歎哉！[3]

古代士人修身良好，沒有求官職之利心，君王徵求賢人，多懷渴望之意，上下的行為都能循乎天理而行，所以人才輩出，國家興盛。到了後來德衰之時，士人假名以要利，在上以文辭來取士，不以為仁義忠信為標準，使孩提之童遂懷利心，所以賢人極為難得。這樣看來，張栻對於學者崇「義」貶「利」的內容就比傳統儒學要廣泛得多，這是其「義利」方面道德教育內容的特色所在。

1　（宋）張栻：《張栻全集・孟子說》，第460頁。
2　（宋）張栻：《張栻全集・答朱元晦》，第895頁。
3　（宋）張栻：《張栻全集・孟子說》，第443頁。

（四）遵「禮」

「禮」是中國古代社會的典章制度和道德規範，作為道德準則，它是人們日常生活行為規範的要求與標尺。《釋名》曰：「禮，體也。言得事之體也。」[1]一個人言之有據，得體做事，方可成禮。《禮器》曰：「忠信，禮之本也；義理，禮之文也。無本不立，無文不行。」[2]由此可知，人之「禮」數以忠信為根本，崇尚義理是行「禮」的表達方式。在儒家思想體系中，「禮」德是同「仁」德分不開的，「禮」是人之所以為「仁」人的一個標準，「禮」規範著儒者的生活方式。「一個儒家學者的理想與信念都表現在他是否能夠信仰禮、遵從禮、踐履禮。」[3]孔子說：「指出人而不仁，如禮何？不學禮，無以立。」[4]到了戰國時期，孟子把仁、義、禮、智作為基本的道德規範，禮為「辭讓之心」，成為君子的德行之一。南宋教育家胡宏很注重學者對於「禮」的學習，他說：「學，即行也，非禮，勿視聽言動。」[5]胡宏告知學者，學習不是簡單地從書本上知道「禮」之存在，重要的是要將所學的「禮」付諸實踐，以「禮」規範自己的言行，遵「禮」而為，遵「禮」踐道，凡不符合「禮」節之事，切忌妄動。

張栻經過不斷學習與認真思考，對「禮」有自己的看法與研究心得，他說：「所謂禮者天之理也，以其有序而不可過[6]……禮樂無乎不

---

1 （東漢）劉熙著、任繼昉、劉江濤譯注：《釋名》，北京：中華書局2021年版，第439頁。
2 《十三經注疏・論語・禮器》，北京：中華書局1979年版，第1430頁。
3 殷慧、肖永明：〈朱熹禮學思想建設的啟示〉，《湖南大學學報（社會科學版）》2011年第1期。
4 《十三經注疏・論語・八佾》，北京：中華書局1979年版，第2466頁。
5 （宋）胡宏著，吳仁華點校：《胡宏集・知言》，北京：中華書局1987年版，第19頁。
6 （宋）張栻：《張栻全集・答胡季克》，第916頁。

在，而其理則著于人心」。[1]他不僅認為「禮」順乎天理而行，存於人心不可越，學者應該從內心深處體察「禮」的價值與應用範圍。與此同時，張栻對「禮」的重要性做了詮釋：「食色雖出于性，而其流則以害性，苟無禮以止之，則將何所極哉？禮之重于食色，固不待較而明矣。惟夫汩于人欲而昧夫天性，於是始有禮與食色孰重之疑矣。」[2]張栻把倫理看成宇宙和社會所固有的一種客觀力量，他對學者道德教育中遵「禮」的目的是要約束人的偏執行為，節制人的社會屬性，發揚學者的順天秉性。張栻指出，學者遵「禮」而行對自身修養有重要作用，他說：「禮者，所以檢身也，不知禮，則視聽言動無所持守，其將何以立乎，知禮則有履踐之實矣[3]……教莫先乎禮，禮行則彝倫敘而人道立。」[4]「禮」是用來檢查學者身體力行的，學者嚴格遵循「禮」所規定的標準，規範自己的言行，約束自身的偏頗行徑，使之一一合乎「禮」的規範，這樣自身修行才能達到一個全新的境界。如果學者在道德修養過程中，能夠遵「禮」而為，故「常履安地而有餘裕」[5]反之，視「禮」無道，「則自蹈于險艱而已。」[6]「禮」不僅有檢檢驗學者身體力行是否符合道德標準之功效，還有節制、約束學者社會行為之作用，使其追求更高的道德修養境界。張栻說：

蓋君子之動，無非禮也。[7]
恭、慎、勇、直，皆善道也。然無禮以為之本，則過其節而有

1　（宋）張栻：《張栻全集·論語解》，第83頁。
2　（宋）張栻：《張栻全集·孟子說》，第446頁。
3　（宋）張栻：《張栻全集·論語解》，第238頁。
4　（宋）張栻：《張栻全集·跋三家昏喪祭禮》，第1010頁。
5　（宋）張栻：《張栻全集·孟子說》，第386頁。
6　（宋）張栻：《張栻全集·孟子說》，第386頁。
7　（宋）張栻：《張栻全集·孟子說》，第386頁。

弊，反害之也。蓋禮者，其節之存乎人心者也，恭而無禮則自為罷勞，慎而無禮則徒為畏懼，勇而無禮則流於陵犯，直而無禮則傷於訐切，然則其弊如此，其貴於恭、慎、勇、直者何哉？蓋有禮以節之，則莫非天理之當然，無禮以節之，則是人為之私而已。是故君子以約諸己為要也。[1]

張栻將君子的言行標準與「禮」的闡發統一起來。從其闡述中，可以感知張栻對學者道德教育時，告訴他們自我修行應以「禮」為本，不能越禮妄動，越過「禮」節，反恥內心。君子所具有的「恭敬」、「謹慎」、「勇決」、「直爽」等優良的品德在日常生活中都要有「禮」的節制，才能恭敬有據、謹慎有方、勇決有謀、直爽有道，使自己的品格修養得以完善。反之，學者即使有優良的品質，也會自為罷勞、徒為畏懼、流於陵犯、傷於訐切、修煉過程毀於一旦。

張栻要求學者在遵「禮」時，要與其他道德修養內容相結合，以便遵「禮」有方、行「禮」有實、踐「禮」有序。他提倡學者遵「禮」與生活主「敬」結合起來，使其達到「和」的準則。

蓋人道之相與，以敬為主也。[2]
禮者，天則之不可踰者也，本乎篤敬。[3]
禮主乎敬，而其用則和。有敬而後有和，禮以和為貴。[4]

學者在遵「禮」時，要以「敬」為主，主一天和，順應天道，這

---

[1] （宋）張栻：《張栻全集・論語解》，第129頁。
[2] （宋）張栻：《張栻全集・孟子說》，第487頁。
[3] （宋）張栻：《張栻全集・論語解》，第164頁。
[4] （宋）張栻：《張栻全集・論語解》，第72頁。

樣的遵「禮」過程踏實有地，運用起來得體有方，能夠達到學者自我修養的目的。

學者把遵「禮」而行與崇尚「義」德相結合，這是張栻對學者行「禮」德教育的主要方面，學者按照義理行事，規範遵照禮德做事，能夠達到天理之則。

> 蓋禮義本於天，而著于人心各有其則，而不可過，乃天下之公。[1]
> 以義為體，以禮為行，兩者相兼而行。[2]
> 以義為體，蓋物則森然具於秉彝之內，此義之所以為體也。而後品節生焉，故禮所以行此者也。其行之也以遜順，則和而不失。[3]

在道德修養過程中，學者以「義」為體，內心充滿正義平直力量，能量滿盈；學者以「禮」為行，謙遜做事，不失大節，兩者相兼，就會達到一種平和、祥瑞之態。

學者遵「禮」主「敬」，心有主宰，性有存養，才能將道德修養放置踏實之處，遵「禮」崇「義」，淡泊名利，平順內心，歸根本。學者把遵「禮」而為與求「仁」相結合，愛人及物，這樣才會到達心靈的歸宿。

> 仁其體也，以其有節而不可過，故謂之禮。[4]

---

1 （宋）張栻：《張栻全集・孟子說》，第371頁。
2 （宋）張栻：《張栻全集・孟子說》，第331頁。
3 （宋）張栻：《張栻全集・孟子說》，第201頁。
4 （宋）張栻：《張栻全集・答陳平甫》，第970頁。

> 吾非仁無為，非禮無行，而橫逆一朝至前則非所患也，雖非所患然自反之功則無窮也，若不務勉乎仁與禮，而徒以橫逆為患，則紛然置悔吝於胸中耳，⋯⋯是則自陷於妄而已耳，不可不察也。反身端本，君子之道也，⋯⋯自反而仁，自反而有禮，是吾愛敬之本立矣。故務盡其在己者而已，橫逆之來，雖不為其所動，而亦未嘗忽而不加察，惟其理何如爾。以仁存心，以禮存心者。[1]
>
> 惟禮義之是安耳，故窮達死生，舉不足以二其心，而人道立矣。[2]

「仁」是一種道德規範，具有內在性。「禮」是人遵守符合其身份和地位的行為規範，有外在性。「仁」德受制於「禮」節，兩者相輔相成。學者在追求「仁」德過程中，不斷檢驗自己的言行舉止是否符合「禮」德，自反有仁，自反有禮，這樣的遵「禮」過程才有實際意義。「禮」德作為「仁」道之外在形式，是人文創造，但有其內在根源，反過來又能培育人的情感，鞏固其「仁」心。學者在道德修養過程中，應該把求「仁」與遵「禮」相結合，這樣身有所本，行有所遜，窮達此生，人道備立。

（五）守「信」

「信」具有普遍意義的道德規範，體現於做人說話真誠、做事準誠。《說文》中提到：「有諸己之謂信。」[3]《墨子經》中「信者，誠也。專一不移也。」[4] 從以上內容可知，有諸己稱之為「信」，受

---

[1] （宋）張栻：《張栻全集·孟子說》，第387頁。
[2] （宋）張栻：《張栻全集·孟子說》，第439頁。
[3] （東漢）許慎：《說文解字》，北京：中華書局1961年版，第52頁。
[4] （清）孫詒讓著、孫啟治點校：《墨子經》，北京：中華書局2001年版，第369頁。

「信」之人，篤實做事，誠實做人，主一而為，專一不移。

張栻把守「信」看作是學者道德修養中重要方法之一，他說：「信者，信於己也[1]……忠信者質之美，蓋以實而不欺者也[2]……信則待人者無有欺也。[3]」學者在道德修養方面，要守信由己、守信護實，篤信做事、誠信待人。張栻認為，學者以守「信」為要，「則德可進，業可廣。」[4]學者無信可言，無信可循，行事做人經不起推敲與檢驗，則是歸於無順天理之地，「車無輗軏則無以行，人而無信則亦不可行也[5]……至於無信，則欺詐傾奪，無複人理，是重于死也。[6]」

張栻強調，學者守「信」意義重大，主「信」才能更好地從「義」，他說：「以忠信為主，而見義則徙焉，則本立而日新，德之所以崇也。不主忠信，則無徙義之實；不能徙義，則其所主亦有時而失其理，二者蓋相須也[7]……義得則信、果在其中，必於信，果而不知義，則無以揆言行之發，而尚何信果之云乎？[8]」從論述中可以看出，張栻告知學者以忠「信」為主，便於順道從義，從而立本而德新，學者如果不主忠信，則無從義之實，無崇義之本。學者道德修養不是分散的結構體，而是完整的統一體。從整體角度出發，規合學者道德教育內容，是張栻對學者道德教育的一大特色。同時張栻反對學者偏執小「信」，他說：「貞于義則信在其中，若但執其小信，而于義有蔽，則失其正，而反害於信矣。蓋貞于義者，公理所存，而執小信

1　（宋）張栻：《張栻全集・論語解》，第69頁。
2　（宋）張栻：《張栻全集・論語解》，第106頁。
3　（宋）張栻：《張栻全集・孟子說》，第483頁。
4　（宋）張栻：《張栻全集・論語解》，第81頁。
5　（宋）張栻：《張栻全集・論語解》，第81頁。
6　（宋）張栻：《張栻全集・論語解》，第167頁。
7　（宋）張栻：《張栻全集・論語解》，第168頁。
8　（宋）張栻：《張栻全集・孟子說》，第374頁。

者，私意之守而已。」[1]如果學者不能以十足的「信」加強道德修養，則會傷害於「義」，小「信」蒙蔽善心、小「信」障礙公理，不能展現「信」之光芒，反害於「信」之本體。

人的言行表達自己的內心世界，傳達自身的思想認知。《易·繫辭上》說：「言行，君子之樞機。」[2]《後漢書·馮異傳》中提到：「觀其言語舉止，非庸人也，可以歸身。」[3]由此可見，言行可以作為衡量一個人素養與風度的主要尺度。在張栻眼中，言行舉止是學者道德修養內容中最起碼的行為規範，他說：「人之立身，言行為大[4]……修身者以謹言行為要。[5]」言行舉止力透一個人的內心世界，展示個人的精神風貌與涵養風采。學者在個人修養過程中，應謹言慎行，舉止有方，力證修身的積極性與必要性。張栻教育學者在言行方面，應以「信」為要。他說：「言忠信，則言有物[6]……主乎忠信，則立于實地，德所以進也。蓋斯須而不忠信，則思慮言行皆無所據依，同于無物也[7]……若不務信其言行，而徒慕高遠，終不可行而已矣。」[8]學者者如果能夠在言行方面諄守「信」德，言之有物，論之有據，則立於實地而進德。反之，學者失信妄動，貪高慕遠，行動偏頗，終無所獲。最後，張栻指出，學者在言行方面守「信」的另一表現是「先行其言而後從之」，他說：「君子主于行，而非以言為先也。故其言之所發，乃其力行所至，言隨之也。夫主乎行而後言者為君子[9]……君子

1　（宋）張栻：《張栻全集·論語解》，第205頁。
2　《十三經注疏·易·繫辭上》，北京：中華書局1979年版，第79頁。
3　（宋）范曄：《後漢書·馮異傳》，北京：中華書局1985年版，第639頁。
4　（宋）張栻：《張栻全集·顧齋銘》，第1045頁。
5　（宋）張栻：《張栻全集·孟子說》，第363頁。
6　（宋）張栻：《張栻全集·論語解》，第198頁。
7　（宋）張栻：《張栻全集·論語解》，第70頁。
8　（宋）張栻：《張栻全集·論語解》，第81頁。
9　（宋）張栻：《張栻全集·論語解》，第78頁。

以行不逮言為恥,故言不輕其出。言之不出,則勉于躬行者,力可知也。」[1]張栻強調,學者行動在先,言語隨後,才有「信」地,這是成為君子的必要條件。學者道德修養良好,總要注重實踐的力量,行為舉止為言語表達提供廣闊的發展空間,言語表達彰顯行動舉止的「信」用之度。

(六)明「知」

「知」是儒家道德規範體系的基本德目之一。孔子把「智」與「仁」、「勇」兩個道德規範並舉,定位為君子之道,明智之人不迷惑內心,仁德之人沒有無端之憂,勇武之人內懼之嫌,即「知(智)者不惑,仁者不憂,勇者不懼。」[2]孟子從行為的節制和形式的修飾、道德的認知和意志的保障闡述了德與禮的重要地位。「知」不僅是學者思想認知的昇華表現,它也涵蓋了思想道德修養其他方面的精髓之處。

張栻認為,學者在修煉明「知」道德修養方法時,應從以下幾個方面入手:

學者要「知」言,張栻說:「人之有是心也,其知素具也[3]……知言,如吉人之辭寡,躁人之辭多之類。不知言,則無以知其情實之所存,其將何以知人乎?故知言則取友不差矣,此學者之所宜先切要之務。必以是為本,而後學可進。不然,雖務於窮高極遠,而終無所益。」[4]張栻認為,知「言」是學者加強明「知」道德修養的重要任務。學者「知言」,就要善於辨析他人之言辭,吸收借鑒吉人之精辭,去除躁人之多辭。學者知「言」,審允平衡,明辨是非,是為根

1　(宋)張栻:《張栻全集·論語解》,第97頁。
2　《十三經注疏·論語·子罕》,北京:中華書局1979年版,第2491頁。
3　(宋)張栻:《張栻全集·書贈吳教授》,第1035頁。
4　(宋)張栻:《張栻全集·論語解》,第238頁。

本。學者在知「言」的基礎上，洞察事物內部的發展狀況，瞭解朋友的性情與品質，知曉天地運行之規律。

學者定要「知」命，張栻說：「知命則志定，然後其所當為者可得而為矣」[1]學者「知」命承認世界本來存在的必然性，心志逐漸趨於成熟，才能堅定自己的志向。學者順應天命，不被私欲所擾亂，對於外在的成敗無所縈懷，進而可以穩固自己的志向。學者在「知」命基礎上，堅定志向、穩固志向，心存善念，按照自己的既定志向，修身養性，這是學者「知」命的歸宿所在。

張栻指出，學者在明「知」過程中，要巧妙處理「仁」與「知」之間的關係。他說：「仁之所為，即智之所知者[2]……蓋仁則人自親，愛則同也；智則人斯治，理無蔽也……知及乎此，而仁不能守此，則未能保之於己也。仁能守之，則在己者實矣，又須莊以涖之，而後內外相成而無弊。」[3]張栻認為，「仁」德是主體的內在德性，「知」具有知識涵養與智慧提升雙重內涵。在道德修養過程中，學者應該把求「仁」與明「知」結合起來，仁知合一、以仁統知，知臻仁境，這樣道德修養佔據篤實之地，自己的明「知」之舉莊以涖之，實有光大。

追求「仁」德、崇「義」貶「利」、遵「禮」而行、敦守「信」德、明曉「知」德是張栻對學者道德教育的主要內容，這些道德修養內容不僅在自我修煉中取得，並且在求學過程中發揚廣大，受到知識的涵養與薰陶。張栻說：

> 好仁不好學之蔽，如欲力行自守以為仁，而不知學以明之，則其所行所守，未免于私意，適足以為愚而已。至於好知不好學，

---

1 （宋）張栻：《張栻全集・論語解》，第238頁。
2 （宋）張栻：《張栻全集・孟子說》，第494頁。
3 （宋）張栻：《張栻全集・論語解》，第204頁。

则用其聰明，而不知約之所在，故其蔽蕩。好信不好學，則守其小諒，而不知義之所存，故其蔽賊。好直不好學，則務徑情而不知含蓄，故其蔽絞絞者訐而已，好勇不好學，則犯難而不知止，故其蔽亂。好剛不好學，則務勝而不知反，故其蔽狂。是六者本為達德善行，而不好學，則非所以為德行，而反以自蔽。學如行大道，日辟而通也，不學如守暗室，終窒而蔽矣。[1]

道德修養是學者研讀經典書籍、觀察君子之行、品味琢磨聖人言論過程中不斷形成與發展。有「仁」德之學者，學以明之，親力而為，免於愚癡。有「知」之學者，學以居約，用其聰慧，避免蔽蕩。遵守「信」德之學者，學以廣之，義理體之，免於蔽賊。好直之學者，學來囿蓄，執直內行，除以偏亂。剛性之學者，學以養性，修以廣達，免於狂亂。學者六者固本為要，學為中心，德善敦行，勤學力練，才能在善念的驅使下崇理尚德，將追求道德之舉發揮到更高的水平。

第三節　學者道德修養方法

學者道德修養方法是指塑造學者性格品質和道德人格的方法。學者道德修養方法對其人格修養、品行修煉、情操陶冶發揮著至關重要的作用，它不僅給學者指明了聖人修行前進的方向，拓寬了學者人格修養的理論視野，也從道德層面對其修煉內容進行深入剖析與挖掘。張栻對學者的道德修養方法主要包括：立志、踐「道」而行、克己、改過、篤「實」、居敬窮理、至「誠」、持之以恆等幾個方面。這些道德修養方法中，立志為學者行事之根本，它決定道德修養的韌度與長

1　（宋）張栻：《張栻全集·論語解》，第217頁。

度,踐「道」而行是學者道德修養的指導綱要,引領他們道德修養德走向。克己、改過與學者的日常行為息息相關,居敬窮理,方能主一合道,學者持之以恆地至「誠」而為,才能從根本上把握道德修養德實質內容。張栻對學者道德修養方法的傳授,離不開學者自我的反省與外在的規範。

一 立志

立志是指學者在學習過程中確定一個長遠的目標,在此基礎上努力進取,不斷調整理論學習與實踐差距的過程。《說文》中把「志」看作是意志的代稱,說:「志,意也。」[1]《國語·晉語》中提到:「志,德義之府也。」[2]這裡是說「德」、「義」蘊藏於「志」中。一個人志向堅定,將會「德」行明達,「義」理明發。可見,志向在個人自我修煉過程中的重要性。

宋代教育家特別注重學者在道德修養中的立志。程子曰:「心之所存為志。」[3]他強調,志向是心性存養之結果。張載強調「志」向為本,認為「志」向不立,無以進德成性。他說:「志者,教之大倫而言也[4]……大則才大,事業大,一志久則氣久,德性久。」[5]「志」向決定著人的行動、目標和路向。人志遠大,宏觀闊達,氣性久存,事業增進,崇德日新。張載在對學者的道德教育中,要求他們必端正動

---

[1] (東漢)許慎:《說文解字》,北京:中華書局1961年版,第217頁。
[2] 薛安勤著,王連生譯注:《國語·晉語》,長春:吉林文史出版社1991年版,第290頁。
[3] (宋)程顥、程頤:《二程集·二程遺書》,北京:中華書局2004年版,第996頁。
[4] (宋)張載著,章錫琛點校:《張載集·中正篇》,北京:中華書局1978年版,第32頁。
[5] (宋)張載:《張載集·至當篇》,第35頁。

機，明定方向，樹立大志。他指出，學者進學，氣輕易滿，志小易足，滿則驕逸，足則偏頗，無法前進，「氣輕志小則易足，易足則無由進。」[1]

張栻指出，立志是學者加強道德修養的前提和關鍵，他說：

> 志者，中有所主也。[2]
> 夫志學者，其本也，譬諸木之區萌，水之一勺，必有是本而不已焉。[3]
> 若志不先立，即為自棄，尚何所進哉？[4]

「志」為內心之主，從事之要。張栻以樹木生長為例，形象生動地告知學者立志從學的重要意義。他認為，樹木生長，根基為要，水源沐浴，才能長成參天大樹。學者在從學的過程中，也要樹立堅定的志向，點滴之志，把握前程，恢弘大氣。如果學者立志不堅，則滑入自暴自棄的邊緣。

接著，張栻又從「志」與「氣」之間的關係為切入點，闡述學者立志的重要性，說到：「蓋志無跡，而氣有形，氣者體之充所以充其體者也。有其氣則有其體矣……蓋常人志動氣，而氣復動志，無窮已耳。[5]」從論述中可以看到，張栻認為「氣」是構成人體和維持人體生命活動的最基本物質。「氣」有形而在，而「志」無形所存，「氣」與「志」互動不止。但「志動氣者，十九，氣動志者，十一。然志動

1　（宋）張載：《張載集·學大原下》，第52頁。
2　（宋）張栻：《張栻全集·論語解》，第143頁。
3　（宋）張栻：《張栻全集·論語解》，第75頁。
4　（宋）張栻：《張栻全集·寄周子充尚書》，第818頁。
5　（宋）張栻：《張栻全集·答宋伯潛》，第974頁。

氣為多，而氣動志為寡。」[1]因此他得出：「志者，氣之帥，所以帥其氣者也，志在于此則氣隨之矣。志至焉，氣次焉，言志之所至，氣次之而至也。」[2]可以看出，張栻的結論是「志」為「氣」之帥，志向主宰自己的行動。如果學者想要自己發揮更大的主觀能動性，要自己的行動與想法達到一定程度的吻合，立「志」尤為重要。學者立志統氣，以志帥氣，立志修身，氣也隨之積極行動，這是學者提升自己的精神氣質，提高自身精神境界的一種重要方式。

最後，張栻告誡學者要防止外物奪「志」，他說：「蓋志為物所奪，而氣以動；氣動而志復為之不寧，志不寧而氣益決驟矣，然氣志貴于交相養。」張栻強調，學者立「志」方能帥「氣體」流通，人不為氣體所隔，不為外物所動，不被私欲所擾，進而不失其善。學者要「審其志之所存，主持而不失，故其氣不亂，而又察其氣之所行，安馴而無暴。」[3]學者審察志向所存，觀察氣質所行，心平氣順地進行自我修煉，長久以往，「其志不搖，中正和平，通暢充裕，而德業日新焉。」[4]

二　踐「道」而行

「道」的含義非常廣泛。首先，它被看作是萬物的本體和來源。老子指出：「無名，天地之始，有名，萬物之母……玄之又玄，眾妙之門……玄牝之門，是謂天地根……天下有始，以為天下母。」[5]老

---

[1]（宋）張栻：《張栻全集·孟子說》，第279頁。
[2]（宋）張栻：《張栻全集·孟子說》，第279頁。
[3]（宋）張栻：《張栻全集·孟子說》，第280頁。
[4]（宋）張栻：《張栻全集·孟子說》，第280頁。
[5] 朱謙之：《老子校釋》，北京：中華書局1984年版，第7頁。

子把「道」看做本源，是渾然一體的東西，天地萬物都是由「道」演化而來。「道」表現的是孔子的社會政治理想。他說：「誰能出不由戶，何莫由斯道也！」[1]這裡，「道」就是指人們應普遍遵守的道德法則，其核心內容是「仁」。至宋代，「道」這一概念與「理」、「氣」與「心」，聯繫起來。程顥說：「蓋上天之載，無聲無臭，其體則謂之易，其理則謂之道。」[2]程顥認為，天道合一，體用相生，道與理相伴。張載則用「氣」來說明「道」。他說：「由氣化，有道之名。」[3]「道」就是「太虛」之氣的流行過程。朱熹把「道」提高到萬物之上，作為宇宙的本體。他認為：「理也者，形而上之道也，生物之本也。」[4]

張栻繼承了《易傳》、二程「道」的思想，並作創造性發展。他以「道」為宇宙本體，認為「道」順應天理，存在生活的每一個角落，體現為起居之舉、飲食之道、待人接物之道，他說：「道者，乃天之理，而非人之所為也[5]……道無不該也，而有隱顯、本末、內外之致焉[6]……夫以一日之間，起居則有起居之道，飲食則有飲食之道，見是人則有待是人之道，遇是事則有處是事之道，道不可須臾離也，一失所宜，則為廢是道矣。」[7]張栻認為，學者要踐「道」而行，不能廢弛「道」統，「道」之彌遠，行之偏離。同時，張栻明確踐「道」而行，是人與物的根本區別，以示學者道德修養的意義。他說：「率性之謂道者，在人為人之性，在物為物之性，各正性命而不

1　《十三經注疏・論語・雍也》，北京：中華書局1979年版，第2479頁。
2　（宋）程顥、程頤：《二程集・二程遺書》，第4頁。
3　（宋）張載：《張載集・正蒙》，第9頁。
4　（宋）朱熹：《朱熹集・答黃道夫》，第3004頁。
5　（宋）張栻：《張栻全集・孟子說》，第503頁。
6　（宋）張栻：《張栻全集・論語解》，第96頁。
7　（宋）張栻：《張栻全集・論語解》，第207頁。

失，所謂道也[1]……人為萬物之靈，其虛明知覺之心，可以通夫天地之理，故惟人可以聞道，人而聞道，則是不虛為人也。」[2]學者率性從道，正名順性，超越萬物，明曉知覺之心，明順天地之理，聞道而為，通達靈氣。

踐「道」而行是學者道德修養方法之一，張栻說：「道者，儒之本也[3]……有是性，則具是形以生人。雖有是性，然不能盡其道，則形雖人也，而其實莫之能踐矣。惟賢者則求以踐之，修其身，所以踐形也[4]……君子務學，所以致道也。」[5]在張栻看來，學者心性之存養養體悟於踐「道」而行的實踐過程中，他們只有踐行「道」統，才能以善念保存性情，修煉本心，讓「心」的主宰力量發揮到極致。張栻認為，學者踐「道」而行的意義，主要體現在兩個方面，一是可以趨向「性」善，復「性」之全，他說：「故惟天下之至誠能盡其性，而人之性、物之性亦無不盡。惟其有所喪失，則不能循其性，故有修道之教焉，所以復其性之全也。」[6]二是可以讓自己的才華有更大的發揮空間，他說：

> 蓋不聞道，則為才所役，聞道，則有以為用矣。所謂道者，非他也，理義之存乎人心者也，于此有聞，則其進退語默之際，皆有所據，而才有所不敢恃矣。故夫人之有才本，不足以為人害，惟其無所本而徒用其才，于是而才始足以病己，甚至于有

1　（宋）張栻：《張栻全集·寄胡伯逢》，第957頁。
2　（宋）張栻：《張栻全集·孟子說》，第394頁。
3　（宋）張栻：《張栻全集·論語解》，第184頁。
4　（宋）張栻：《張栻全集·孟子說》，第488頁。
5　（宋）張栻：《張栻全集·論語解》，第230頁。
6　（宋）張栻：《張栻全集·寄胡伯逢》，第957頁。

取死之道，反不若魯鈍無才之為愈也。夫小有才而未聞道者，身且不能保，而為國者乃信而用之，亡國敗家其何日之有？[1]

　　張栻認為，學者在道德修養過程中，大徹大悟的道義，不悉心體會的話，也會覺得它愚昧無用；至高的道德和義理，如果不踐行體驗的話，也變得空泛無實。學者聞道而行，內有所依，外有所感，不役於外物，最大程度地發揮自己才華。學者聞道未行，則不能保全自我，不能守信在家，更不能奉獻報國。

　　張栻強調，學者在踐「道」而行過程中，要以聖人之「道」為典範，他說：「聖人道大德弘[2]……夫子之道猶天然，聖人之為，天地之為。[3]」聖人之道，宏大氣象，恢弘氣度，聖人之為，出於天然，合於天地。學者在成為聖人的過程中，需向自己的內心尋找力量，尋求道理。學者初聞聖人之道，「其心不無欣慕而開明，猶山徑之有蹊間介然也，由是而體認擴充，朝夕於斯，則德進而業廣矣，猶用之而成路也。」[4]張栻指出，學者踐「道」而行，最根本的就是循聖人前行之「道」，不斷開拓進取，認知與體察並舉，崇德與廣業並行。

　　在踐「道」而行的道德修養過程中，張栻要求學者注意以下幾個方面的問題：

　　踐「道」應從日常行為舉止做起，他說：「所貴乎道者三事，謂其動容貌而能循於法則也，正顏色而根于誠實也，出辭氣而不悖于倫理也。此三者豈可驟為而強致哉？必也平日莊敬篤實，涵養有素，而後其發見乃能如此。」[5]學者在日常生活中，容顏變動、臉色改變、

1　（宋）張栻：《張栻全集・孟子說》，第510頁。
2　（宋）張栻：《張栻全集・論語解》，第88頁。
3　（宋）張栻：《張栻全集・論語解》，第123頁。
4　（宋）張栻：《張栻全集・孟子說》，第504頁。
5　（宋）張栻：《張栻全集・論語解》，第130頁。

出暢呼吸都應遵循一定的法規與天理，這是踐行天「道」的基本前提。如果學者隨性而為、隨意而做，這樣就距離君子之為越來越遠。除此之外，學者應崇「富貴」之道、貶「貧賤」之道，張栻說：「有得富貴之道，有得貧賤之道。蓋正而獲伸者理之常，此以其道而得富貴者也。不正而詘者亦理之常，此以其道而得貧賤者也[1]……若枉道則害於和之理矣[2]……惟君子則審其在己，不為欲惡所遷，故枉道而可得富貴，己則守其義而不處，在己者正矣。不幸而得貧賤，己則安於命而不去，此其所以無入而不自得也。」[3]富有和尊貴，是每個人欲望所達；不是運用正當的方法和途徑獲得的，君子是不會妄自接受的。貧困和卑賤，是每個人都所厭惡的；不是運用正當的方法和途徑擺脫的，君子是不會輕易拋棄的。富貴之道為正義、順天理之道，貧賤之道為枉理、斥義之道，學者在踐「道」而行中，要努力克制自己，不為欲惡所遷，順理而行，伸張正義。

（二）踐「道」過程中自己親為，功夫不可缺少。張栻說：「蓋道不遠人，為之在己[4]……非用力以致之則不能有諸躬耳。[5]」他還指出踐「道」中涵養體察之工不可缺失，說到：「所謂聞道者，實然之理自得於心也，非涵養體察之工精深切至則焉能然。」[6]在踐「道」過程中，張栻還提倡學者把工夫與涵養體察相結合，這是自得之表現：「君子深造之以道者，欲其自得之也。深造之以道者，言其涵泳之深也，工夫篤至，而後能有得，不然，則為臆讀而已。」[7]學者深

1　（宋）張栻：《張栻全集‧論語解》，第92頁。
2　（宋）張栻：《張栻全集‧論語解》，第233頁。
3　（宋）張栻：《張栻全集‧論語解》，第92頁。
4　（宋）張栻：《張栻全集‧論語解》，第205頁。
5　（宋）張栻：《張栻全集‧論語解》，第230頁。
6　（宋）張栻：《張栻全集‧孟子說》，第394頁。
7　（宋）張栻：《張栻全集‧孟子說》，第376頁。

造「道」統，涵泳其味，功夫篤實，免豁臆讀之嫌。

（三）踐「道」過程中，虛心為本，篤實為基。張栻說：「反身端本，君子之道也[1]……受道者以虛心為本，虛則受，有所挾則私意先橫於胸中[2]……學道者以務實反本為要。」[3]在論述過程中，張栻主要提到三方面的修養知識：第一，君子為學的根本是踐「道」而行，學者要向君子看齊。第二，學者踐「道」而行，虛心為要，避免私意所挾。第三，學者在道德修養過程中，務實求本，才能把踐「道」而行的道路走得更為廣闊。張栻指出，學者踐「道」而行，「必循夫本末先後之序，實有諸己，成章而後達。」[4]

（四）在踐「道」而行過程中，張栻主張學者應以「中庸」之道審度自身。「中」、「庸」本為二德。「中」為中正之德，「庸」為恆常之德。荀子把「禮」「義」看作「中」，闡明做事要以「理」為標準，荀子指出中庸之道即中正不偏、經常可行之道，是君子做事，明知的根本標準，他說：「曷謂中？曰：禮義是也。凡事行，有益于理者，立之；無益于理者，廢之；夫是之謂中事。凡知說，有益于理者，為之；無益于理者，舍之；夫是之謂中說。事行失中謂之奸事，知說失中謂之奸道。」[5]從倫理道德的角度講，中庸是一種倫理原則，是對人們思想、情感方面的原則性約束。要求人們在處理問題時不要走極端，依理辦事，找到處理問題最適合的方法。實質上就是「臨界點」。

張栻對「中庸」的解釋是：「事事物物，莫不有中。中者，天理之

1　（宋）張栻：《張栻全集‧孟子說》，第386頁。
2　（宋）張栻：《張栻全集‧孟子說》，第491頁。
3　（宋）張栻：《張栻全集‧論語解》，第94頁。
4　（宋）張栻：《張栻全集‧孟子說》，第478頁。
5　（清）王先謙著、沈嘯寰、王興賢點校：《荀子集解‧儒效》，北京：中華書局1988年版，第124頁。

當然,不可過而不可不及者也[1]……庸者,言其可常而不易也。」[2]在張栻看來,中庸之道貫穿與事物發展的整個過程,順應天理,中正天和。他還指明「中」存在於事物的統體與分殊中,萬事萬物的普遍性與特殊性的交織,主一為上,適可為中,「故論其統體,中則一而已;分為萬殊,而萬殊之中各有中焉。其所以為萬殊者,固統乎一,而所謂一者,未嘗不各完具于萬殊之中也。」[3]張栻認為,學者在踐「道」而行過程中要「貴于時中也[4]……中道而立,能者從之,此正大之體,而天地之情也。」[5]原因是:「道以中為貴。」[6]中庸之道為儒儒家道統之根本,學者從中庸之道,明中庸之德,感應天地之情。張栻指出,學者踐「道」而行的方法有二:第一、心平氣和,順道而行,「惟其心無所倚,則能執其中而不失,此所謂時中也。」[7]第二、積蓄德行,變換氣質,聚集「中」道,「君子則進于德,進於德則氣質變化[8]……惟有德者,為能涵養其性情,而無過與不及之患,故謂之中。」[9]最後,張栻告誡學者在踐「道」而行過程中,對異端思想要提高警惕,因為它們偏於一隅,而非「中」道之本,他說:「聖人之道,有綱有目,有本有末,非若諸子異端之漫而無統也[10]……蓋為我、兼愛皆道也,當為我則為我,當兼愛則兼愛,是乃道也。彼其墮於一

1　(宋)張栻:《張栻全集・論語解》,第144頁。
2　(宋)張栻:《張栻全集・孟子說》,第115頁。
3　(宋)張栻:《張栻全集・孟子說》,第480頁。
4　(宋)張栻:《張栻全集・論語解》,第144頁。
5　(宋)張栻:《張栻全集・孟子說》,第491頁。
6　(宋)張栻:《張栻全集・孟子說》,第516頁。
7　(宋)張栻:《張栻全集・論語解》,第235頁。
8　(宋)張栻:《張栻全集・論語解》,第77頁。
9　(宋)張栻:《張栻全集・孟子說》,第371頁。
10　(宋)張栻:《張栻全集・孟子說》,第494頁。

偏者，固賊夫道，而於其間取中者，是亦舉其一而廢其百耳。」[1]聖人之道，綱目明晰，本末一致，兼愛有道。相比之下，異端學說，墮於一偏，陂於一隅，散漫無統，學者體悟其中，不知所云，易迷失方向，走錯道路。

三　克己

克己是指一個人要求嚴格自己，努力克制自己的私欲。《後漢書・陳寔傳》中：「視君狀貌，不似惡人，宜深克己反善。」[2]這裡的克己是指自我反省，歸至善念。克己是孔子倡導的一種道德修養方法。他認為克己由己，是踐行「忠恕之道」的先決條件，也是「復禮」的必要準備。《論語・顏淵》說：「克己復禮為仁，一日克己復禮，天下歸焉，為仁由己，而由人乎哉！」[3]

克己也是張栻對學者道德教育的修養方法之一，他說：「克己所以治怒，明理所以治懼[4]……克己之嚴，蓋有諸己而充實者[5]……惟君君子燭理之明，克己之力，故於事事物物之間，處之而從容也。」[6]學者克己可以平息怒氣、明達事理，善念隨身，無懼邪念。如果學者克己嚴格，那麼有諸己且充實，做起事來從容而鎮定。張栻不僅對學者闡明克己重要意義，也講述了克己的方法。

1　（宋）張栻：《張栻全集・孟子說》，第480頁。
2　（宋）范曄著：《後漢書・陳寔傳》，北京：中華書局1973年版，第2065頁。
3　《十三經注疏・論語・顏淵》，北京：中華書局1979年版，第2502頁。
4　（宋）張栻：《張栻全集・答李季修》，第924頁。
5　（宋）張栻：《張栻全集・孟子說》，第274頁。
6　（宋）張栻：《張栻全集・孟子說》，第391頁。

（一）學者從本源入手，細察其偏

他說：

> 克之之道，要須深思誇勝之意何自而生，于根源上用工銷磨，乃善。若只待其發見而後遏止，將見滅于東而生于西也，正惟勉之[1]……工夫不可悠悠，且須察自家偏處，自聲氣容色上，細細檢察……動靜以察，晨夕以思[2]。

在張栻看來，學者克己，鍥而不捨，功力要深，如果一日放鬆警惕，外物與偏念浸入內心，縈繞於體，則內心盲亂，心緒失衡。因此，學者克己日新，就要將惡念與歪行，遏制於萌發狀態，不能讓他們擾亂自己的修煉過程。

（二）非禮勿為，克己有道

張栻說：

> 非禮勿視，非禮勿聽，非禮勿言，非禮勿動，克己之目也。始學者當隨事自克，覺其為非禮則克之，克之力則所見漸深，所見深則其克也，益有所施矣，及其至也。克盡己私，一由於禮，斯為仁矣[3]……克之之至，則天理純全，而視聽言動一循其則矣。[4]

1　（宋）張栻：《張栻全集·胡季隨》，第903頁。
2　（宋）張栻：《張栻全集·與曾節夫撫干》，第940頁。
3　（宋）張栻：《張栻全集·論語解》，第165頁。
4　（宋）張栻：《張栻全集·勿齋說》，第805頁。

張栻要求學者在日常生活中，行為舉止要遵循「禮」的標準，目之所及，遵禮相看，聽之所至，踐行禮數，言之照禮，言之有理，舉止行禮，行動有據。學者加強自我克制、自我約束、自我規範，視、聽、言、動一循其則，順應天理。張栻在從「禮」層面，向學者傳授克己的重要意義，一條路線貫徹兩個道德修養要點，讓學者在規範自身行為舉止的同時，從本質上又深刻領悟儒家道德修養的精神力量。

（三）重視榜樣的力量

張栻提倡學者在克己中應該以顏淵為榜樣，他說：

> 顏子之庶幾于聖人，以其屢空也。空者，意、必、固、我不留於中也。[1]
> 學聖人必學顏子，則有准的。顏氏之所以為有准的，何也？以其復也。復則見天地之心成位乎中，而人道立矣。然而欲進于此奈何？其惟格物以至之，而克己以終之乎！[2]
> 學者要當從事於克己，而後顏子之所樂可得而知也。[3]

顏淵是孔子的得意弟子，他心境安寧、約禮居敬、嚴格要求自己，道德修養的境界很高，學者在克己方面，應該以顏淵為楷模，不斷反省自身，格物致知，順理而行，復見天地之心，博得顏回內心之樂。顏回內心之愉悅就是順天而行、遵禮而為、踐行人道的快樂。

---

1 （宋）張栻：《張栻全集·論語解》，第160頁。
2 （宋）張栻：《張栻全集·書相公親翰》，第1033頁。
3 （宋）張栻：《張栻全集·論語解》，第110頁。

（四）任重道遠，勿舍其功，勿斷其途

張栻說：

> 而問學之方無窮，責人者易為言，而克己者難其功，任重道遠，惟益勉之，以副蘄望[1]……克己之偏之難，當用大壯之力，誠然也。然而力貴於壯而工夫貴于密，若工夫不密，雖勝於暫，而終不能持於久而銷其端。[2]

張栻強調，學者克己復禮，任重道遠，勤勉奮力，才能徹除偏念，道德修養上升新的檔次。學者暫捨其工，偏遠內心，邪念浸滿，用力去除，效果不佳。學者割斷其途，暫緩用力，外物擾亂，不得其道，遺患後來。張栻在對學者的克己教育過程中，總是把邪念偏行遏制在萌芽狀態，他的這種初心善念療治方法對當時學者的道德修養產生深遠的影響。

在學者的克己內容上，張栻把歸存「天理」，去除「人欲」視其重點。「天理」本指自然界運行的規律和人類所不能扭轉的客觀必然性。《莊子・天運》中說到：「夫至樂者，先應之以人事，順之以天理，行之以五德，應之以自然，然後調理四時，太和萬物。」[3]莊子指出，人間美妙高貴的樂曲，順應天理，推演五德，應合自然，調後四季，和天地萬物共生。莊子從樂曲與天理之間的內在關係出發，闡明了順應天道的要蘊。

宋代理學家將「天理」引申為「天理之性」，是「仁、義、禮、

1　（宋）張栻：《張栻全集・答李賢良》，第922頁。
2　（宋）張栻：《張栻全集・答喬德瞻》，第932頁。
3　（清）郭慶藩著，王孝魚點校：《莊子集解・天運》，北京：中華書局2016年版，第508頁。

智」的總和，即封建的倫理綱常。張栻說：「天下萬事皆有所當然者，天之所為也[1]……所謂天者，理而已[2]……理不應有而強使之有，故曰欺天。」[3]而所謂「私欲」並不是「可欲」。「可欲」是維持自己生存所必需的基本欲望，而「私欲」是那些正常的生活、生理需要之外的欲望。這些欲望擾亂心緒，失衡心態，強弩于天道，欺天之為，是人的存在所不必需的，必須摒除。朱熹說：「飲食，天理也；要求美味，人欲也[4]……心是管攝主宰者，此心所以為大也。心譬水也，性水之理也。性所以立乎水之靜，情所以行乎水之動，欲則水之流而至于濫也。」[5]他所謂「滅人欲」不是要滅絕人類生存之所必需的最低欲求，而是「滅」「流而至于濫」之欲。朱熹強調，私欲擾亂規律之運行，悖逆性情之所為，私欲長存，紛亂學者修煉自身的內在規律，逆行心宰性情之路，告知學者需甚堪憂。

在學者克己方面，宋代理學家主張存「天理」，滅「人欲」。二程說：「人心私欲，故危殆。道心天理，故精微。滅私欲則天理明矣。」[6]「滅私欲則天理明」，就是要學者要歸存天理、不要讓外物私欲蒙蔽自己的內心，私欲盡除，天理明達，危殆之心泯滅。

朱熹說：「孔子所謂『克己復禮』，《中庸》所謂『致中和』，『尊德性』，『道問學』，《大學》所謂『明明德』，《書》曰『人心惟危，道心惟微，惟精惟一，允執厥中』，聖賢千言萬語，只是教人明天理、滅人欲……學者須是革盡人欲，復盡天理，方始為學。」[7]從論述中

1　（宋）張栻：《張栻全集・論語解》，第86頁。
2　（宋）張栻：《張栻全集・論語解》，第192頁。
3　（宋）張栻：《張栻全集・論語解》，第140頁。
4　（宋）黎靖德：《朱子語類》卷68，第1685頁。
5　（宋）黎靖德：《朱子語類》卷5，第97頁。
6　（宋）程顥、程頤：《二程集・鄒德久本》，第311頁。
7　（宋）黎靖德：《朱子語類》卷4，第58頁。

可見，朱熹主張是革盡人欲，心性存養，明理見性。學者為自己的私欲所蒙蔽，失去內心的主宰，無視自己的道德進養之地，所以不能體悟到天地之理，要想體驗到、找到萬事萬物的順天之理，生存之道，就要除去人的內在私欲，泯除蒙蔽自身之欲。

給學者列舉事例、採用作比較的方法是張栻對學者道德修養教育方法的特色之所在。這樣的教學方式，不僅可以豐富教學內容，也能給學者留下深刻的印象。張栻從「天理」之存與「口腹」之養的比較、君子、小人順、違天命的結果比較，舜、禹以「理」平治天下等幾方面來向學者闡明存「天理」、滅「人欲」的重要性。

（一）「天理」之存與「口腹」之養的比較張栻說：人惟不知天理之存，故憧憧然獨以養其口腹為事……然飲食之人，人所為賤之者，為其但知有口腹之養，而失其大者耳。如使飲食之人而不失其大者，則口腹豈但為養其尺寸之膚哉，固亦理義之所存也。故失其大者則役于血氣而為人欲，先立乎其大者則本諸天命而皆至理。人欲流，則口腹之須何有窮極？此人之所以為禽獸不遠者也。天理明，則一飲一食之間，亦莫不有則焉，此人之所以成身，而通乎天地者也，然則可不謹其源哉！[1]

張栻把日常生活中獨享口腹之養，而不知天理之存的行為視為輕賤自身、輕浮義理的表現。學者在為學過程中，不應以口腹之養為自己人生的全部內容，要以明達天理為遠大目標。如果天理明達，那麼人的行為規範按照原則而行按照規律而為，修養自身之效，彰顯彌遠。如果學者僅限口腹之美，私欲盈滿，不知克己，失去君子的成長之道，這是最應該注意的地方。

（二）張栻從君子、小人順、違天命之比較的角度入手，指出克

---

[1] （宋）張栻：《張栻全集・孟子說》，第441頁。

己無方，冥行逆理，後患無窮。他說：

> 眾人不知有命，故于其無益於求者強求而不止。若賢者則安于命矣，知命之不可求也，故安之[1]……惟夫昧於天命，而以天下之公理為有我之得私。[2]
>
> 君子則循其性，由其道，而聽天所命焉，所謂順受其正，謂正命也……若小人則不由其道，不循其性，行險僥倖，入於罟護陷阱之中而不知，所謂非正命也。莫之致而至者命也，不容加損益焉。小人則人為有以致之。人為有以致之，則是干其自然之理。然因其有以致之，而命亦隨焉，是亦命也，而不得謂之正[3]……畏天命，奉順而弗敢逆也……小人不知天命之所存，是以冥行而莫之畏。[4]

　　張栻認為，眾人多為口腹之養而冥行，不知天理之存，故強求天命而不止，後果是求天無應，求道無方，無益多弊。賢人順天命而行，故安然自在。君子循其性，由其道，聽天命而為，是正命的表現。小人不知天命之所存，冥行妄為，是可哀。眾人應從克己的角度下手，不斷省察自我，體悟天命，歸寧自心。小人應敬畏天命，順應規律，忌盲從之動，諱冥行妄欲，這樣才能接近君子之道。

　　（三）張栻認為舜、禹治理天下是循天理而行，告知學者的克己修養也應如此，這是他治國方略與道德教學相融合的教學內容。張栻說：

1　（宋）張栻：《張栻全集・孟子說》，第408頁。
2　（宋）張栻：《張栻全集・孟子說》，第429頁。
3　（宋）張栻：《張栻全集・孟子說》，第465頁。
4　（宋）張栻：《張栻全集・論語解》，第211頁。

古之人修其天爵而已,非有所為而為之耳,人爵從之者,言其理則然也[1]……舜禹之有天下,豈有一毫與乎其間哉?天與之,人與之耳[2]……天與賢則賢者立焉,天與子則子立焉,然則天與聖人果且有二乎哉,此所謂天下之大公[3]……循夫天理,無利天下之心,而天下歸之,此三王之所以王也[4]……今之人修其天爵以要人爵,夫有一毫要人爵之心,則有害於天爵,其修之也,亦慕其名而為其事耳,及遂其欲,則並與其所假者而棄之,可謂惑之甚者。[5]

　　古代統治者無所為而為之,修其天爵,人爵從之。堯舜禹循夫天理,無利天下之心,而天下歸之。而當今統治者心懷私欲,修其天爵以要人爵,後果是有害於天爵位,導致政權不穩。這是學者閱讀古籍,以史為鑒、鑒史為要的關鍵所在。學者的克己修養應相比於賢君治國,順應規律、歸昭天理,淡泊名利,格局顯亮,廓然大公。

　　張栻從日常生活「天理」之存與「口腹」之養、君子、小人道德修養、統治者循天理治國等三個方面,對存「天理」,滅「人欲」的重要性做了系統闡述。他認為學者在克己的道德修養中,要順「天理」而行,努力克制自己的私欲,是以善身。他說:「得於天者公理,而資於人者私欲也[6]……循天理之常,未嘗少枉以失其身也[7]……惟君子以克己為務,己私既克,無所蔽隔,而天理晬然。」[8]如果學者不

---

[1] (宋)張栻:《張栻全集・孟子說》,第443頁。
[2] (宋)張栻:《張栻全集・論語解》,第134頁。
[3] (宋)張栻:《張栻全集・孟子說》,第404頁。
[4] (宋)張栻:《張栻全集・孟子說》,第353頁。
[5] (宋)張栻:《張栻全集・孟子說》,第443頁。
[6] (宋)張栻:《張栻全集・孟子說》,第444頁。
[7] (宋)張栻:《張栻全集・孟子說》,第408頁。
[8] (宋)張栻:《張栻全集・孟子說》,第312頁。

知「天理」之所存,枉身錯行,表為潔身,實則汙行,非為人道,張栻說:「不知天理之所存,而務為小廉一節,而求以自潔,是則私意之為,非聖賢歸潔其身之道也[1]……人惟蔽於有己,而不能以推,失其所以為人之道。」[2]

張栻指出,學者在歸存「天理」,去除「人欲」方面,也有方法可循。首先,學者要「格物致知」,他說:「故大學之道,以格物致知為先,格物以致知,則天理可識,而不為人欲所亂。」[3]張栻指出,學者探究事物的內在道理,獲取新知,博取體悟,可知天理,這是去除人欲的關鍵方式。其次,心中存「直」念是學者克制私欲的主要方法。《說文》中說:「直,正見也。」[4]孔子認為:「人之生也直,罔之生也幸而免。」[5]由此看來,「直」念是個人真實自然感情的流露,是歸順天理的直接表現,做人要正直磊落,要順應規律而行。張栻認為,學者只有具備「直」的道德品質,才能在歸順「天理」與泯除「人欲」面前合理判別、辨別是非。他說:「直者,順其天性而不以人為害之者也[6]……蓋胸中所存,一有不直,則為獲罪於天矣[7]……以以質直為尚而好義,則能實進於善矣。」[8]學者執「直」歸順天性,內有心主;學者存「直」,感悟天性,不敢枉天而作;學者尚「直」,好義而為,進入善道。再次,學者在克己的道德修養方法上要有戰兢與憂患的意識,他說:「試舉天理人欲二端言之,學者皆能言有是二

---

1 (宋)張栻:《張栻全集・孟子說》,第408頁。
2 (宋)張栻:《張栻全集・洙泗言仁序》,第752頁。
3 (宋)張栻:《張栻全集・答直夫》,第928頁。
4 (東漢)許慎:《說文解字》,北京:中華書局1961年版,第267頁。
5 《十三經注疏・論語・雍也》,北京:中華書局1979年版,第2479頁。
6 (宋)張栻:《張栻全集・論語解》,第179頁。
7 (宋)張栻:《張栻全集・論語解》,第87頁。
8 (宋)張栻:《張栻全集・論語解》,第171頁。

端也,然不知以何為天理而存之,以何為人欲而克之,此未易言也。天理微妙而難明,人欲洶湧而易起,君子亦豈無欲乎?[1]……學者存任重道遠之思,切戒欲速也。物欲之防,先覺所謹。蓋人心甚危,氣習難化,誠當兢業乎此。然隨起隨遏,將滅于東而生于西,紛擾之不暇,惟端本澄源,養之有素,則可以致消弭之力。」[2]張栻認為,物欲之防,警覺在先,內有所感,方能澄源根本,對策治之。學者如果沒有高度的警覺與戰兢意識,易行偏路,邪念乘機而入,返手迫療,追奔不及,克己道德修養不能發揮應有的作用。

張栻為陳擇之燕居所做的《克齋銘》是對學者克己教育思想精華之所在,展示了他多年來對克己修養方法的深沉思考與精心琢磨,時刻鞭策著學者在前行的道路上不斷體察自己。張栻論道:

> 惟人之生,父乾母坤。允受其中,天命則存。血氣之萌,物欲斯誘。日削月朘,意鮮能久。越其云為,匪我之自。營營四馳,擾擾萬事。聖有謨訓,克己是宜。其克伊何,本乎致知。其致伊何,格物是期……物格知至,萬理可窮。請事克己,日新其功。莫險于人欲,我其平之。莫危于人心,我其安之……於穆聖學,具有始終。循循不舍,與天同功。請先致知,以事克己。[3]

人生在世,血氣之萌,易引物欲。學者唯有格物致知,克己始終,日新力功,循序漸進,方進聖境。張栻對學者的克己教育與求「仁」修養、踐道而行等內容結合在一起,讓學者在平心靜氣的過程

---

1 (宋)張栻:《張栻全集·答直夫》,第927頁。
2 (宋)張栻:《張栻全集·答劉宰》,第915頁。
3 (宋)張栻:《張栻全集·克齋銘》,第1038頁。

中，對自己的不當之舉、不合之道進行剖析與察識，進而糾正與改變，讓君子之道行於學者之體，讓聖人之望步於學者之途。

四 改過

人能改過自新，善莫大焉。學者道德修養過程可看作是改過遷善的過程。眾人之行易偏，過見常在。張栻指出：「蓋人之質不能無偏，偏則為過[1]……凡人常見其有過。」[2]學者在知識涵養與道德修養過程中，應「見過則改也。」[3]學者改正過錯，進入新境，同時要學會「復」，張栻說：「蓋所以復者是也，其在人，有失則有復，復賢者之事也。於其復也，亦可見其心焉」[4]學者有過則失，改過向賢，心往真念，復賢日新，復賢見聖。如果學者「過而不知省，省而不知改焉」，則其「偏滋甚，而過亦不可勝言矣[5]……不善不能改，則安於不善而已，是豈不可憂乎？」[6]學者見過不視，見過不改，安於不善，邪念滋生，毀道滅理，有損修養。這是學者最值得注意的地方。在改過過程中，張栻警惕學者要有「如臨深淵」的意識，謹防同樣過錯的出現。「凡過之所以貳者，以其所以為過之根者不除也。……有能見其過，而遏之之心一或有懈，則其端複乘間而萌矣。……惟其涵養純熟，天理昭融，於過之所形，無纖介之滯，其化也如日之銷冰，然則奚貳之有？」[7]張栻強調，學者知道過錯不可視而不見，要尋找過錯

1　（宋）張栻：《張栻全集・孟子說》，第292頁。
2　（宋）張栻：《張栻全集・孟子說》，第461頁。
3　（宋）張栻：《張栻全集・論語解》，第71頁。
4　（宋）張栻：《張栻全集・答吳晦叔》，第826頁。
5　（宋）張栻：《張栻全集・孟子說》，第292頁。
6　（宋）張栻：《張栻全集・論語解》，第118頁。
7　（宋）張栻：《張栻全集・論語解》，第108頁。

之根源,甄別過錯之性質,及時改正過程,這就是修煉自我的絕佳境界。學者改正過錯,不犯同錯,釋然過往,昭融天理,歸順天道。

張栻在改過教育過程中,以例舉事實的方式,勸告學者清除虛榮、篤實而行、謹嚴甚微,成人之美。他對學者改過過程中出現的幾種錯誤做法進行了舉例,來警示學者謹防:

(一)懼過難改是學者內存虛榮的表現,因心存畏懼,則減少了學者改過的機會,長期以往,就會積錯難改,對自己的道德修養帶來不利的影響。張栻說:「人所以不能改過者,以其憚之,故勿憚則其改過也速矣。」[1]學者對於自己發生的錯誤,不應該懼怕,應該及時改正。學者懼怕過錯,改正過錯的畏難情緒上升,修正錯誤的機會減少,長久以往,定會造成不良的結果。

(二)以文掩過,徒有其表,敗絮其內。張栻說:「恥過而憚改,故必文,文謂飾非以自欺也[2]……士之持身,改過為大,若夫因循怠忽,一有順之之意,當深察而力克之,況可為之辭乎?[3]」張栻認為,學者用文字表述來掩飾自己的錯誤,這是自欺欺人的表現,內心蒙蔽,心性失養,文字不能載道,為文何用?君子修行過程中,見過則改,這不僅是趨行正道,也是光大自己道德品行的著眼點,「不以文飾掩蔽其過也……改過不吝而德愈光焉。」[4]

(三)樂聞人過,反虧自己,學者要以此為戒,謹慎行事。對此,張栻說到:「常人之私情,樂聞人之過,責人惟恐不深,而不復察其理。」[5]眾人對別人要求比對自己嚴格,苛人之深,責己之淺,原因

---

1 (宋)張栻:《張栻全集·論語解》,第71頁。
2 (宋)張栻:《張栻全集·論語解》,第230頁。
3 (宋)張栻:《張栻全集·論語解》,第306頁。
4 (宋)張栻:《張栻全集·論語解》,第233頁。
5 (宋)張栻:《張栻全集·孟子說》,第389頁。

在於:「猶患在己有所蔽而不能以盡察,故樂聞他人之箴己過[1]……若專意於攻人之惡,則其心先有害,而于己亦莫之省矣。」[2]張栻告知學者,在對待過錯方面,眾人心存私欲,內涵雜念,喜好隱藏自己的過錯,更多指責別人,豈不知這樣的做法往往掩飾了自己的過錯,傷己非人,形成惡性循環,學者一定要引起高度重視。改過自新是學者自身修煉的重要過程,不能度量他們,而忘記時刻省察自己。

在對待過錯方面,張栻強調,學者應該成人之美,救人之過,樂於幫扶。他說:「充其忠愛之心,成人之美,其樂之如在己也,從而扶持之,又從而勸長之,惟欲其美之成也。於人之惡,則從而正救之,正救之而不可,則哀矜之,惟患其惡之成也。」[3]學者接受儒家道德思想,充滿仁愛之心,對於別人的優點和長處,學習借鑒並發揚光大,對於他人的不足之處,絕不袖手旁觀,而是積極指點出來,幫助改正。這樣,君子的道德修養才能回歸於儒家處世之道的新境界。在張栻看來,君子是成人之美,救人之過的典範,因為「君子之于人也,忠愛之情篤,故長善救失之意無窮已焉[4]……君子者惟其愛人,故惡稱人之惡者,為其薄也。惟其順德,故惡居下流而訕上者,為其逆也。」[5]君子對眾人有仁愛與憐惜之情,道德情操高尚,順應天理而行,惡諂厭逆。學者在改過過程中,因良好的道德修養而變得胸懷寬廣、格局益大,而不應該「以刻薄為心,幸人之有過,而疾人之勝己。」[6]

1　(宋)張栻:《張栻全集・孟子說》,第292頁。
2　(宋)張栻:《張栻全集・論語解》,第171頁。
3　(宋)張栻:《張栻全集・論語解》,第170頁。
4　(宋)張栻:《張栻全集・論語解》,第184頁。
5　(宋)張栻:《張栻全集・論語解》,第222頁。
6　(宋)張栻:《張栻全集・論語解》,第170頁。

五 篤「實」

　　「實」學是中國古代儒學發展的重要歷史階段和獨立發展形態，它是對儒學基本價值理念的繼承和發展，又是在同佛、老的辯論中產生和發展起來的，由「實體」與「達用」構成，是一個多層次、多元化的立體結構。篤「實」是指學者踏實從學、茁實養性、敦實修煉。宋朝「實」學是從北宋胡瑗「實體達用之學」開始的。南宋呂祖謙對學者篤「實」的教育方針是：「講實理，育實材而求實用。」[1]呂祖謙「講實理」指的是教育指導思想，他告知學者追求實理。「育實材」說的是培養目標，「求實用」是治學態度和目的，三方面有機統一起來，形成了呂祖謙在「實」學教育方面的培養規範。

　　張栻在對學者講述篤「實」道德修養方法時，先從當時學者虛行內容、淺納其義其的反面例子說起，以警惕學者踏實從學、務實從政的重要性，他講到：

> 近世一種學者之渺茫臆度，更無講學之功，其意見只類異端一超徑詣之說，非惟自誤亦且誤人，不可不察也。[2]
> 今之學者囂囂然自以為我知之者，只是弄精魂耳，烏能進乎實地哉！[3]
> 大抵是舍實理而駕虛說，忽下學而驟言上達，掃去形而下者而自以為在形器之表。此病恐不細，正某所謂雖辟釋氏，而不知正墮在其中也。[4]

1　（宋）呂祖謙著、黃靈庚、吳戰壘主編：《呂祖謙全集・太學策問》，杭州：浙江古籍出版社2007年版，第84頁。
2　（宋）張栻：《張栻全集・答周允升》，第909頁。
3　（宋）張栻：《張栻全集・答胡伯逢》，第958頁。
4　（宋）張栻：《張栻全集・答呂伯恭》，第891頁。

張栻指出，學者自我修行、探究學問，如果主觀臆斷、虛無縹緲，則會陷入私欲異端之域，自以為是的學習態度只會讓學習的層次停留在虛無的空層，而不是從事於根基的實層。他認為，這種虛無的學習方式不是儒家學者踏實向上的積極態度，而是虛無懶散的消極想法，這與佛家所講的思想追求相仿，墮墜空門，聊無實效，這是儒學者不能提倡與發揚的。

張栻強調，學者加強道德修養要從「實」字出發，他說：「善者實也[1]……若夫已無而以為有，已虛而以為盈，在約而以為泰，則是驕矜浮虛不務實者，其能以有恆乎？未能有恆，況可言學乎？」[2]學者從學要篤實成行，持之以恆，才能不斷取得進步，如果以無變有，憑虛妄盈，簡約偽泰，浮誇為實，這是投機取巧的學習辦法，將截斷恆心與毅力，對長時期的道德修養帶來不可估量的弊端。張栻認為，學者求「實」過程中，「自得」是重要歸宿，這是達到「諸己」之態，他說：「學貴乎自得。不自得，則無以有諸己，自得而後為己物也[3]……以實有諸己為貴，若能有諸己，積之久而後其無窮者，可循而達也。」[4]學者踏實從學、謹慎做事、恒毅並行，長期以往，堅定自己的志向，聚存善念，超越自己的以往境界，才能取得更大的進步。張栻進一步從「臆度空想」和「自得為實」之間的區別，來對學者闡述篤「實」的重要性，「臆度者，猶在此而想彼，自得，則此便是彼，更無二也。蓋所得未真實，則其中心必有梟然不安者。自得則如水之必寒，火之必熱，不可得而易故居之，安居之安，則資乎此，而所進日深矣。」[5]「臆度空想」、「自得為實」兩種自我修煉方法，

1　（宋）張栻：《張栻全集・論語解》，第132頁。
2　（宋）張栻：《張栻全集・論語解》，第124頁。
3　（宋）張栻：《張栻全集・孟子說》，第376頁。
4　（宋）張栻：《張栻全集・孟子說》，第478頁。
5　（宋）張栻：《張栻全集・孟子說》，第376頁。

表面看起來都是學者知識涵養與道德修養的方式，其實反差很大。學者臆度空想，勞累身心，心無所得，必將走向另一極端。相反，學者踏實為學，恪盡規律，則擁有學問延展的空間與自身修養進步的地帶，促進了道德修養的境界提升。

張栻指出，學者正確處理「文」與「質」的關係，才能真正落實篤「實」思想。《論語‧雍也》中提到：「質勝文則野，文勝質則史，然後君子。」[1]從個人修養的角度來看，「文」則是指學者文化的修養，「質」是指質樸的品質。一個人的質樸的品質更多地超越文化修養就會顯得很粗俗，一個人過於文雅就會注重繁文縟節而變得不切實際。學者既要有文化修養，又不要迷失了做人的本性，這樣才能夠稱得上「文質彬彬」的君子。張栻認為，作為學者要始終保存文化素養與質樸品質之間的平衡，不偏不倚，才能心順氣平，臻入善道。首先，他對「文」、「質」以及它們之間的關係進行了論述：

> 文猶質，質猶文，言文質相似，俱不可無也。[2]
> 文者，所以文其實也。[3]
> 夫有其質則有其文。質者文之本，而文者所以成其質也。質立矣，而文生焉。[4]
> 然質之勝則失於疎略而無序，故當修勉而進其文，是則文者所以行其質也。若文或勝焉，則失於繁冗而沒實，故當敦篤而反其質，是則質者所以約其文也。此道問學以進于君子者也。[5]

1　《十三經注疏‧論語‧雍也》，北京：中華書局1979年版，第2479頁。
2　（宋）張栻：《張栻全集‧論語解》，第112頁。
3　（宋）張栻：《張栻全集‧論語解》，第83頁。
4　（宋）張栻：《張栻全集‧論語解》，第168頁。
5　（宋）張栻：《張栻全集‧論語解》，第112頁。

張栻認為「文」與「質」在學者求學過程中均不可缺少，質是文的根本，文修飾質的成長。學者要不斷加強自身的文化修養，修勉進文，才能將本身質樸的品格充分展現出來，同時學者要不斷修煉心性，提升自己的品質，才能讓文采綻放光芒。張栻指出，學者在篤「實」的修養過程中，要達到文采和質樸的協調統一，更要注重「質」作用的發揮，他說：「學者不但既其文而務乎其實[1]……略文華，趨本實，敦篤躬行，循序而進，從事於此，則不差也。」[2] 學者躬耕力作，敦實前行，臻入實地，順應天理而為，夯實「質」地。

正名是讓事物的名和本來面目匹配，達到名實相符，做到符合正義。它在在學者道德修養中，佔有重要地位。張栻說：

> 凡在天地間，洪纖高下，是非美惡，有其物，有其事則有其名，蓋理之所定也。名之不正，則洪纖高下失其倫，是非美惡紊其宜，言之斯不順矣。言之不順，則咈于人心，而人莫之服，事之所以不成也。事不成則失其序而不和，禮樂之所以不興也。禮樂不興則必至於從事於刑罰，以強人之從己，則刑罰不中，而民無所措其手足矣。名之不正，其弊蓋至此。若夫君子，則其名必可言，其言必可行，言未嘗有所苟，以其正名為先故耳。[3]

萬物存世，冠屬其名，順從而為，成事興禮。如果學者廢名虛行，言行不一，不遵照禮數而妄動，不能妥善處理事物之間的聯繫，是逆行天道之表現。君子以正名為先，因此言必信，行必果。他同時

1　（宋）張栻：《張栻全集・論語解》，第126頁。
2　（宋）張栻：《張栻全集・論語解》，第126頁。
3　（宋）張栻：《張栻全集・論語解》，第175頁。

強調,學者在「正名」的過程中,也要務「實」,說到:「故有是物必有是則,苟失其則,實已非矣,其得謂是名哉?[1]……有是實則有是名。名者,所以命其實也。終其身而無實之可名,君子疾諸非謂求名於人也。」[2]萬物有生存與發展的規則,學者正名則內在有實,無實取名則為虛指,正名以實為要,如果學者之名無實,名則虛,傷及天理及人倫。

最後,張栻指出學者在篤「實」修行過程中,要遠離佛氏之學的擾亂,心平靜氣地研究學問,洞察事物發展的內在機理,以求進入聖學之門。他說:「釋氏之學,正緣不窮理之故耳,又將盡性至命,做一件高妙恍惚事,不知若物格、知至、意誠、心正,則盡性、至命亦在是耳[3]……釋氏揚眉瞬目,自以為得運用之妙,而不知其為妄而非真也。」[4]他認為佛教不本於誠實,佛道不歸於敦實,沒有窮盡心性,盡做高妙恍惚之事情,實為荒謬而非真。在學者求「實」過程中,應以儒家修道為根本,遇到佛家非務「實」之處要引起高度警惕,以防墜入其中而不知自己之所在。

六 居敬窮理

居敬是持身恭敬,指君子在為人做事方面保持謹慎敬重的態度。早在周代之前,「敬」的觀念就已經產生,當時表示為一種宗教意義上的「敬畏」。到了周代,人們的思想發生了重大的轉變,由敬畏天命轉向自身的敬德修養。宋代以來,居敬為程朱學派所倡導的一種道

1　(宋)張栻:《張栻全集・論語解》,第114頁。
2　(宋)張栻:《張栻全集・論語解》,第201頁。
3　(宋)張栻:《張栻全集・答王居之》,第917頁。
4　(宋)張栻:《張栻全集・答吳晦叔》,第955頁。

德修養方法。他們認為「居敬」，就是「心」的「主一」、「專一」、「自作主宰」，不為外物所牽累，不為偏念所秉執。程頤說：「敬為學之大要[1]……涵養須用敬，進學則在致知。」[2]他指出居敬是學者道德修養的重要方面，主敬用於涵養心境，主一在於心神穩定，致知演進學習的秩序，去除私欲、廓然大公，能夠實現主敬的修養效果。張栻崇信二程的居敬學說，他認為二程對主敬的研究心得是篤實力行的真實表達，學者長期玩味，定有收穫。他要求學者對二程的「居敬」學說，透徹分析，用心體悟、用力挖掘本質內涵，「須反複玩味，據目下底意思用工，譬如汲井，漸汲漸清。」[3]

張栻認為學者的精力與才能終有限，隨著歲月的流逝，人心容易隨著世俗與社會的發展發生偏頗，想以有限的力量來應變無窮的事物變化，實屬困難，因此居敬在學者的道德修養過程中顯得尤為重要。他說：「蓋事物之來，其端無窮，而人之才力雖極其大且終有限，以有限量應無窮，恐未免反之為役，而有所不給也。君子于此，抑有要矣，其惟敬乎！[4]……歲月易邁，人心易危，華盛之地，奪志者多，惟敬自勉，以承先世之業[5]……惟主敬以立本，而事事必察焉，學之要也。」[6]張栻指出，在日常修養與學業進取過程中，學者往往會受到外界的影響而變得意志不堅、心神不寧、修養不到位等情況。學者居敬為本，體察為要，立志先行，這樣才能挖掘內心深處的「道」，從而改變自己的言行舉止，增強道德修養。

1　（宋）程顥、程頤：《二程集・粹言》，第1184頁。
2　（宋）程顥、程頤：《二程集・伊川語四》，第188頁。
3　（宋）張栻：《張栻全集・答潘叔昌》，第933頁。
4　（宋）張栻：《張栻全集・敬簡堂記》，第732頁。
5　（宋）張栻：《張栻全集・答胡季履》，第901頁。
6　（宋）張栻：《張栻全集・答呂子約》，第899頁。

在張栻看來，學者居敬道德修養的益處主要表現在去除「人欲」、穩固氣志、治怠療偏、助心為宰等幾個方面：

（一）居敬可以去除「人欲」，這裡的「人欲」，指的是逆天道而行的人的私欲。張栻說：「今欲用工，宜莫先於敬。用工之久，人欲浸除，則所謂可者益可得而存矣，若不養其源，徒欲於其發見之際，辨擇其可與不可，則恐紛擾，而無日新之功也。」[1]學者主敬時間越久，功夫越深，「人欲」去除越徹底。張栻指出，學者的居敬功夫不能只從表面解決問題，應該深入研究天道運行與人欲生髮之間的關係，居敬方可對症療治，學者道德修養才能日益彌新。

（二）居敬可以固「志」，他說：「持志者，即敬之道也[2]⋯⋯學者以居敬為本，審其志之所存，主持而不失，故其氣不亂，而又察其氣之所行，安馴而無暴，故其志不搖，中正和平，通暢充裕，而德業日新焉。」[3]學者在主敬過程中，可以通過實踐行為審查「志」所達到的地方，穩固不亂，則行為動作有規範所依。學者的志向在規範的言行與良好的道德修養共同促進與影響下，固而有序，個人修行也上升新的檔次。

（三）張栻認為「居敬」可以治療「荒怠因循」、「蹙迫寡味」等弊病，他說：「但所謂二病，若曰荒怠因循，則非游泳之趣，若曰蹙迫寡味，則非矯揉之方。要須本源上用功，其道固莫如敬，若如敬字有進步，則弊當漸可減免。」[4]荒怠因循，懶散怠工，消極的學習態度，不能達到真正的體察涵養之功效；蹙迫寡味，急促迫切，並非真正的改錯之方。如果學者以「居敬」為主，心存善「道」，積極而

1　（宋）張栻：《張栻全集・答宋伯潛》，第975頁。
2　（宋）張栻：《張栻全集・孟子說》，第282頁。
3　（宋）張栻：《張栻全集・孟子說》，第280頁。
4　（宋）張栻：《張栻全集・呂子約》，第898頁。

為，細察慢品，則可以逐步認識到自己的弊病，並加以改正。

（四）學者「居敬」可以加強「心」的主宰，讓自己的修行更有見地。張栻談到：「蓋心宰事物，而敬者心之道所以生也[1]……所謂持敬，乃是切要工夫，然要將個敬來治心則不可[2]……雖有平帖安靜之時，意思清明，四體和暢，念慮不作，覺無所把摸，遇事接物則渙散矣，此蓋未能持敬之故……敬則有主宰，涵養漸熟，則遇事接物，此意思豈容遽渙散乎？」[3]學者在道德修養過程中，長久的學習與修行，只是表層的累積與漸進的過程，如果沒有「心」的主宰與主敬功夫的薰陶，就會變得神情懶散、行動不一、精神渙散，這不能穩固修行成果的根基，也不能促進道德修養的長久進步。

張栻指出，學者加強「居敬」道德修養的同時，也要掌握具體的方法。「主一」是他看來最核心、最重要的方法，張栻告知學者：「主一，則視聽有其則[4]……故主一無適，敬之方也，無適則一矣，主一則敬矣。」[5]「主一」與無適同方，學者在日常生活中，行為有規範、言行有規矩，這就是主一的具象表現。「主一」在做學問上表現為專心致志，「專心致志，學之大方，居敬之道也。」[6]張栻在給成都範文叔所寫的《主一銘》是他「主一」的核心思想，也是對於學者「主一」的教育內容，文中說：

> 人之心，一何危，紛百慮，走千岐，惟君子，克自特，正衣冠，攝威儀，澹以整，儼若思，主於一，復何之。事物來，當

---

1. （宋）張栻：《張栻全集·敬簡堂記》，第732頁。
2. （宋）張栻：《張栻全集·答曾致虛》，第912頁。
3. （宋）張栻：《張栻全集·答潘文叔》，第935頁。
4. （宋）張栻：《張栻全集·答彭子壽》，第982頁。
5. （宋）張栻：《張栻全集·存齋記》，第720頁。
6. （宋）張栻：《張栻全集·孟子說》，第440頁。

其幾。應以專，匪可移。理在我，寧彼隨。積之久，昭厥微。靜不偏，動靡違。嗟勉哉，自邇卑。惟勿替，日在茲。[1]

張栻告誡學者，「主一」從生活的點滴做起，不懶惰、不拖沓、不消極、不矯飾。學者專心致志，可以順天理、行大道、固內心。在張栻看來，「主一」並非很困難之事，主動從身邊做起，善於從學問的本源抓起，這樣的「主一」就會與學者的生活緊密聯繫起來。

張栻同時強調，學者「主一」功夫也是平日涵養所為，非臨時抱佛腳：

蓋主一之謂敬，敬是敬此者也，若謂敬為一物將一物治一物，非惟無益，而反有害，乃孟子所謂必有事焉，而正之卒為助長之病……故欲從事於敬，惟當常存主一之意，此難以言語盡實下工夫，涵泳勿舍，久久自覺，深長而無窮也[2]……夫主一無適，正為平日涵養，遇事接物方不走作，非可臨時下手也。[3]

如果學者沒有事物整體運行概念，把「主一」看做是一物治一物，則容易形成助長之病。學者的道德修養是全面的、整體的、長時段的，真正的「主一」功夫是涵養日久、鍥而不捨的長期功夫，而不是在某個節點的應付之舉。

理學家所講的「窮理」，是「欲知事物之所以然與其所當然者而已」，就是對事物要探究它的存在與發展的道理。朱熹說：「學者功夫唯在居敬窮理二事。此二事互相發。能窮理，則居敬工夫日益進；能

---

[1] （宋）張栻：《張栻全集‧主一銘》，第1043頁。
[2] （宋）張栻：《張栻全集‧答曾致虛》，第912頁。
[3] （宋）張栻：《張栻全集‧答喬德瞻》，第930頁。

居敬，則窮理工夫日益密。」[1]在他看來，學者在道德修養中應將居敬與窮理相結合，窮盡事物發展的過程與運行道理，才能將居敬的功夫完全展示出來；學者在修身養性過程中，如果專心如一，思維縝密，才能窮盡事物發生、發展的本質過程，提升自己的精神境界與道德修養。居敬與窮理兩者相輔相成，最終促成學者知識體系的完備和道德修養的提升。

張栻對此也持相同的觀點，他說：「窮理持敬工夫，蓋互相資耳[2]……蓋居敬有力，則其所窮者益精；窮理浸明，則其所居者益有地。二者蓋互相發也。為人之要，孰尚於此學而不知其要，則氾濫而無功。」[3]學者應懂得居敬與窮理的重要性，這是他們道德修養的要旨。從學之人如專注有度，則窮理深廣，如窮理浸明，則居敬思維有可以施展與發揮的思想基礎。學者在居敬、窮理時要循序漸進，不可急於求成，張栻說：「居敬窮理二者言之雖近，而意味工夫無窮，其間曲折精微，惟能用力者當漸知之耳。升高自下，陟遐自邇，務本循序而進，久自有所至，不可先起求成之心，起求成之心，則有害于天理[4]……要須居敬窮理工夫日積月累，則意味自覺無窮，於大本當漸瑩然。」[5]學者的道德修養是持續漸進的過程，在修身過程收穫存養心性的辦法，這樣才能鍛煉自身的毅力、錘煉自己的性格、涵養本身的性情。居敬與窮理是學者學會自悟的修養方法，斷不可將其看成一有開頭的實踐過程，就獲得拯救靈魂的結果，這種自欺欺人的做法，終將不能取得良好的修身效果。

1　（宋）黎靖德著，王星賢點校：《朱子語類》卷九，北京：中華書局1994年版，第150頁。
2　（宋）張栻：《張栻全集·答吳晦叔》，第943頁。
3　（宋）張栻：《張栻全集·答陳平甫》，第911頁。
4　（宋）張栻：《張栻全集·答陳平甫》，第911頁。
5　（宋）張栻：《張栻全集·答劉宰》，第915頁。

七 至「誠」

「誠」本義是信實無欺或真實無妄。至「誠」是學者修心盡性、與天參地的重要手段。《禮記·中庸》說：「誠者，物之終始，不誠無物……誠者天之道也，誠之者人之道也」。[1]《中庸》認為一切事物的存在皆依賴於「誠」，「誠」是天的根本屬性，從學的人努力求「誠」，以達到合乎「誠」的境界則是真正修身之道。孟子說：「是故誠者天之道也，思誠者人之道也[2]……反身而誠，樂莫大焉。[3]」孟子認為，反省自身臻至「誠」境，篤誠順道，至誠做事，人心愉悅。宋代理學家周敦頤認為，「誠者聖人之本[4]……『大哉幹元，萬物資始』，誠之源也」。「誠」乃聖人追求的根本做人原則，是一種「中正仁義而主靜」即「無欲」的境界。「誠」表現出來的行為標準是無欲主靜，這不僅是仁義道德之本性，且為聖人人格之最高標準。

「誠」作為道德信念，在學者道德修養過程中起著重要作用，張栻說：「蓋事物無巨細，其所以動者，皆誠之所存故也。然則將以順親信友獲上治民，非誠身而可得乎？天下未有不誠而能動者也[5]……誠能推己及人，以克其私，私欲既克，則廓然大公，天理無蔽矣。然而在學者欲進於斯，必自強恕而行始。」[6]張栻首先告知從學的人「誠」在世間存在的重要意義，它不僅是萬物運行過程的監行者，把持著萬物活動的方向與運行法則，還潛移默化地教育眾人克制私欲、

1　《十三經注疏·禮記·中庸》，北京：中華書局1979年版，第1633頁。
2　《十三經注疏·孟子·離婁上》，北京：中華書局1979年版，第2721頁。
3　《十三經注疏·孟子·盡心上》，北京：中華書局1979年版，第2769頁。
4　（宋）周敦頤撰，徐洪興導讀：《周子通書》，上海：上海古籍出版社2000年版，第29頁。
5　（宋）張栻：《張栻全集·孟子說》，第355頁。
6　（宋）張栻：《張栻全集·孟子說》，第467頁。

踐行大道，逐漸完善自己的人格。學者心存「誠」念，不斷規範自己的實踐行為，加強自身的道德修養，心胸開拓，廓然大公，有「誠」可以達到學已成人、感化於物的境界，使自身道德修養達到一種崇高的境界。

張栻認為學者之所以身有未誠者，那是因為「由其有己而自私也」。至「誠」之道的踐行在於學者多次反省，不斷修為，心道合一，真正做到了至「誠」，心存天理，所有問題就會迎刃而解。張栻說：「反身而至於誠，則心與理一，不待以己合彼，而其性之本然，萬物之素備者皆得乎此，然則其為樂又烏可以言語形容哉？」[1]……蓋誠信充積於內，則人之情偽、事之幾微，自無得而逃，如鑒明於此而妍醜莫隱也。」[2]學者經過一系列的修身養性訓練後，心存「誠」意，內含「誠」義，自身的虛榮假意、人性的私欲淫思沒有存養的餘地，學者自然而然地在善念的引領下走向追求聖人的佳境，而「反身未誠，則強以此合彼，不能貫通而實有之，又安得樂？」[3]

在學者道德修養過程中，張栻強調明曉「善」道可以驅邪避惡，可以除偽存真，是從學之人至「誠」修養的主要方法。他同時指出「善」德為天下的公德，「蓋善者，天下之公也」，[4]「善」德的博取來自於自身的修行。他說：

> 誠其身，又不可以迫切而強致也，蓋有道焉，在於明善而已。善之所以為善者，天理之實然者也。不明夫此，則動靜無所據依，將何以誠其身乎？學者明善誠身之功是也。[5]

1　（宋）張栻：《張栻全集・孟子說》，第467頁。
2　（宋）張栻：《張栻全集・論語解》，第191頁。
3　（宋）張栻：《張栻全集・孟子說》，第467頁。
4　（宋）張栻：《張栻全集・孟子說》，第460頁。
5　（宋）張栻：《張栻全集・孟子說》，第355頁。

故無好善之誠心，則必訑訑然，以為己既知之。人知其若是，則莫肯進。[1]

學所以明善也。不知學則徒慕其名，而莫知善之所以為善矣。[2]

　　學者「誠」其身是道德修養的重要環節。在張栻看來，這種看不到、觸摸不到的天道之誠可以通過學者擇善、為善、行善等實踐行為過程感知並深刻瞭解。學者修行「善」德，通曉天理，主體的人道與本體的天道之間因明「誠」而融為一體，最終達到天人合一的理想境界。張栻認為學者遠惡前行、積「善」成德，不倦怠，不拖遝，才能真正走進「誠」門。他說：「親於其身為不善者，君子不入，此君子守身之常法也[3]……聞善者存而體之，則其德行蓄聚[4]……樂善不倦，好懿德之常性也。惟樂善不倦，則于仁義忠信斯源源而進矣。[5]」學者積「善」成德是一個漫長的過程。絕非一時興致之事。只有經過長期的道德修煉和品行改良才能將人性中最精華的內容展現出來，以達到至「誠」的境界。

　　最後，張栻從反例為證，警惕學者在求「善」過程中也需要「誠」德來保駕護航，他說：「小人用機變之巧，飾其小慧，矜其私智，不本於誠意，而務為掩覆，機變愈巧，而良心愈斷喪。故其為善也，則務竊其名而無善之實。」[6]假意修行之人，不本「誠」意，機巧善變，粉飾人生。這是對「誠」意之大不敬。真正的君子求「善」

1　（宋）張栻：《張栻全集・孟子說》，第460頁。
2　（宋）張栻：《張栻全集・論語解》，第217頁。
3　（宋）張栻：《張栻全集・論語解》，第216頁。
4　（宋）張栻：《張栻全集・論語解》，第219頁。
5　（宋）張栻：《張栻全集・孟子說》，第443頁。
6　（宋）張栻：《張栻全集・孟子說》，第468頁。

為本,出於本意,勿加掩飾,才能獲得本真。如果先有心機,自作聰明,則達不到修身德最終目的。

八 持之以恆、謙虛謹慎

持之以恆是學者穩固功夫、夯實基礎,走向成熟的必備因素。學者面對任何事情要以恆心來對待,不能因為一時的困難與挫折,半途而廢。程頤說:「自暴者拒之以不信,自棄者絕之以不為。」[1]他指出,自己不自信、關鍵時刻不作為是滋生自暴自棄思想的土壤,這對學者道德修養起到了很大的警示作用。張栻以生活中的具體實例,闡發持之以恆的重要性,他說:「力量之淺深,平時未易見也,惟當利害艱難之際,則可見其所守者矣。人徒見其臨事之能處也,而不知其自守之有素也。松柏之質堅剛矣,獨於歲寒之時,而後人知其後凋耳[2]⋯⋯天下之事為之貴于有成,譬之掘井至於九軔,其用力亦勞矣,若不及泉而止,則亦為棄井而已。」[3]張栻強調,檢驗學者持之以恆的著眼點就在困難與艱苦之時,學者唯有在困難之時、艱難之處,挺立而行,砥礪而進,才能力證堅持不懈、頑強拼搏的勇氣。他告知學者,松柏的堅韌之質,獨有在歲寒之時表現的更為明顯。掘井的最終目的是發現清泉,不見清泉則是棄井而無所獲,就像學者在為學中的半途而廢一樣。張栻說:「所謂中道而廢者,如行半塗而足廢者也。士之學聖人,不幸而死則已矣,此則可言力不足;不然,而或止焉,則皆為自畫耳。畫者,非有以止之,而自不肯前也[4]⋯⋯惟其自暴自

---

[1] (宋)程顥、程頤著,王孝魚點校:《二程集》,北京:中華書局2004年版,第36頁。
[2] (宋)張栻:《張栻全集・論語解》,第144頁。
[3] (宋)張栻:《張栻全集・孟子說》,第481頁。
[4] (宋)張栻:《張栻全集・論語解》,第110頁。

棄而不知學，則為安於下愚而不可移矣。」[1]學者的道德修養終極目標是聖人境界，在學習過程中，除不幸短命外，都應以持之以恆的精神來加強自己的道德修養，自暴自棄的後果是安於下愚而不知進步。張栻對學者持之以恆的道德教育，警示他們追求聖人的目標雖遠大但路途艱難，唯有鍥而不捨地前行，才能見自身修煉之曙光。

俗話講「謙受益，滿招損」，對為學者而言，自我滿足是一大忌。呂祖謙說：「凡人之為學者，若自以為安且足，則終不可以求進[2]……惟君子自處於不安，故終日乾乾，夕惕若厲無咎，是以德可進，業可修。」[3]學者在求學求知的道途中要居安思危，若驕傲自滿，內心被外物、私欲所蒙蔽，就會不進則退。應如同君子一樣，自我感覺永不知足，因而終日自強不息，故而無咎無殆，如此，道德方可提進，學業方可修造。

關於學者的謙虛為學，張栻說：

> 學莫病於自足。[4]
> 學者當常懷不及之心。[5]
> 見人之善不善也，而皆我師焉。擇其善者而從之，其不善者而改之，此蓋進善無窮之意。[6]
> 恥吾之未能進於善，則善可遷；恥吾之未能遠於過，則過可消，蓋不知所恥安於其恥，將終身可恥。[7]

1　（宋）張栻：《張栻全集‧論語解》，第215頁。
2　（宋）呂祖謙著，黃靈庚、吳戰壘主編：《呂祖謙全集》卷12，第528頁。
3　（宋）呂祖謙著，黃靈庚、吳戰壘主編：《呂祖謙全集》卷12，第532頁。
4　（宋）張栻：《張栻全集‧孟子說》，第363頁。
5　（宋）張栻：《張栻全集‧論語解》，第133頁。
6　（宋）張栻：《張栻全集‧論語解》，第123頁。
7　（宋）張栻：《張栻全集‧孟子說》，第467頁。

從以上論述可知，張栻對學者謙虛求學的教育主要體現在幾個方面：第一，學習過程中，不可自我滿足，自足的心緒阻礙自身能動性的發揮，自滿的心理迷失前進的方向。第二，學者知識涵養與道德修養是不斷前行、求新的過程。學者只有潛心求學、心懷不及之心，才能在未來探知的領域，發揮自己的能力與才華，不斷進取。第三，學者應向善而行，見不善而自省，這是能夠獲得更大進步的前提。學者如果見善不行，視不善不自察，這是自己的驕奢之心在作怪，經過時間的淬煉，自己墮入空渺偏頗之地，不知行善為何物。學者在為學過程中，只有時刻懷不及之心，努力向善者看起，這樣自己才容易步入善道。張栻同時強調，從學之人學成為師時也要繼續發揚謙虛謹慎的精神，他說：「蓋古之所謂師者，學明行修，人從而師之，而非有欲人師己之意也。」[1]張栻視古人為典範與榜樣，因為他們學問與道德修養良好，贏得眾人的欽佩，而不是有意成為人師。他告誡學者，老師也是在成長過程中不斷完善自己的，正確對待教學相長，才稱得上一位合格的師長。「人師乎己，從而以己之善善之，其答問論辯之際，亦有互相發者，故教學相長也。若好為人師之意，則是乃矜己自大之私情乎其中，欲以益於人，而不知其先損於己。」[2]如果一個人好為人師，心存妄念，驕傲不已，則是不能促己之長，也不能幫人揚優。

小結

儒家學者非常重視學者的道德修養，他們把個人的道德修養同齊家、治國、平天下有機結合起來，成為個人進步與國家發展的綱要性指導思想。張栻深受儒家思想的薰陶，認為學者加強自身修養，對於

1　（宋）張栻：《張栻全集・孟子說》，第363頁。
2　（宋）張栻：《張栻全集・孟子說》，第363頁。

個人的一生進步、社會的和諧發展、國家的良好治理，有深遠的影響。張栻在教學過程中，他不斷更新自己的教學理念，他時刻提醒學者要省察自身，心存善念，行走善路，這是學者道德修養的最起碼要求。張栻指出，學者在道德修養過程中，不能只從某一方面修煉自己，而是要把幾方面的道德修養統一起來，讓追求「仁」德、崇義尚理、遵循禮數、明達智慧在「善」念德引領下，發揮自己的道德修養風采，使學者的修身養性過程中，不走偏路，不出邪念，不枉餘生。張栻指出，學者在道德修養過程中，不僅要以修養內容涵養自己的心性，也要擷取良好的道德修養方法，順應天道，存養性情。他告知學者，堅定志向，奮力前行，克己勤勉，善道嘉行，居敬窮理，主一和順，篤實砥礪，順心平氣。張栻對學者道德修養方法的教育並非單一化，而是在天地、心志、氣象之間，融合安和，讓天地之象、學者之心、萬物之氣結合起來，從而使有靈性之學者在天地萬物之間明曉天理、歸寧地心，擔當起穩定社會秩序、治理地方、助力國家發展的重要任務。

第四章
張栻對學者的為學教育

　　張栻對學者的教育不僅停留在道德修養教育層面，他還通過讓學者深刻品讀儒家經典作品，以其中的豐富內容淨化自己的內心、涵養性情、規範行為。在為學教育過程中，張栻強調學者應將自身的道德修養與閱讀經歷有機結合起來，將自身修養融於書籍的品味之中，把書籍的誦讀真正運用於修養實踐過程中。張栻對學者的知識涵養教育過程中，告知他們對知識的掌握要溫故知新，這樣才能完整地鞏固知識體系。學者在為學過程中應學會學思並進，把自己的學習實踐與獨立思考統一起來，不能盲從學習而失去思考的能力，也不能整天沉思而沒有學習的實踐過程中。張栻強調，學者在為學過程中要博約相須，既要有宏觀格局的把握，也要從細微之處進行認真的鑽研。學者對知識的掌握是一個循序漸進的過程，不能好高騖遠，也不要輕浮點水，應致知力行、不斷涵養察識，這樣才能豐富自己的知識體系，提升自身道德修養的境界。

第一節　張栻對學者為學教育的內容

一　學習內容

　　儒家許多經典著作，包含內容廣泛、立意深刻、影響深遠，在中國倫理學史上佔有重要地位。南宋理學家朱熹，認為「萬理的精蘊都在聖賢書中」，他說：「《大學》《中庸》《論》《孟》四書，道理燦然，

人只是不去看。若理會得此四書，何書不可讀？何理不可曉？」[1]朱熹認為《四書》所包含的道理熙照人生，引領學者思考的方向。學者在為學過程中，應該把《四書》作為經典之藍本，熟讀深思，終有收穫。為此，他作《四書章句集注》，為學者讀《四書》指出了一條光明之路，對儒學的發展與傳承做出了突出的貢獻。呂祖謙重視經書，也強調讀史書。從他給自己兄弟規定的學習課程中可以看出來，「小蘭弟所說讀書件數太多，今只當看一經一史，為常課。」[2]他指出讀史的次序應當是：「先自《書》始，然後次及《左氏》、《通鑒》，欲其體統源流相接耳。國朝典故，亦治體本末，及前輩出處大致。」[3]呂祖謙告之學者，應注意排列讀史的先後次序，瞭解當代的國朝典故，其著眼點，一是「體統源流相接」，以貫通古今的眼光看歷史變化，二是討論「治體本末」。

在張栻看來，學習儒家經典作品的目的在於興發義理，使學者趨義而遠利，從而浸於中庸之道。他說：「夫經者，道之所以為常也[4]……經書皆以亮訓信[5]……經正則人興於善，而邪匿不能作，此中庸之所以為至也。」[6]張栻強調，經典作品存於天理，顯於天道，以經驗與教誨啟迪學者行善避邪，趨於中庸之道。面對紛繁多雜的書籍，學者應該以學習經典作品為要，這是事半功倍之良方。在書院教學過程中，張栻展開了對《論語》、《孟子》、《中庸》等經書的研治，把經學研究與理學探討結合起來，通過詮釋儒家經典提出自己的理學及哲學思想，

1　（宋）黎靖德著，王星賢點校：《朱子語類》，北京：中華書局1994年版，第1027頁。
2　（宋）呂祖謙著，黃靈庚、吳戰壘主編：《呂祖謙全集・東萊別集・與張荊州敬夫》，杭州：浙江古籍出版社2007年版，第395頁。
3　（宋）呂祖謙著，黃靈庚、吳戰壘主編：《呂祖謙全集・東萊別集・與張荊州敬夫》，第395頁。
4　（宋）張栻：《張栻全集・論語解》，第145頁。
5　（宋）張栻：《張栻全集・孟子說》，第459頁。
6　（宋）張栻：《張栻全集・孟子說》，第516頁。

對學者的知識涵養與道德教育產生重要的影響。

（一）注重《詩經》的學習

　　《詩經》是中國最早的一部詩歌總集，收入自西周初年至春秋中葉大約五百多年的詩歌，所反映的社會生活內容十分豐富。後來，《詩經》成了古代人士教育中普遍使用的文化教材，學習《詩經》成了人士必需的文化素養。《論語》云：「誦《詩》三百，授之以政，不達；使于四方，不能專對，雖多亦奚以為？」[1]可以看出，學習《詩經》對於上層人士以及準備進入上層社會的人士，具有何等重要的意義。另一方面，《詩經》也是對學者進行道德教育的書籍。《論語》又曰：「遠之事君，邇之事父……不學《詩》，無以言……小子何莫學夫詩？詩可以興，可以觀，可以群，可以怨，邇之事父，遠之事君，多識鳥獸草木之名[2]……詩三百，一言以蔽之，思無邪。」[3]學者閱讀《詩經》澄澈心靈、教化人性、瞭解社會、陶冶性情，在思想認識與道德修養方面均有提高。總體來講，《詩經》是學者成長的一部重要書籍，符合當時社會公認道德原則。

　　歷代儒學家對於《詩經》的學習方法很有研究，孟子說：「說詩者不以問害辭，不以辭害志，以意逆志，是為得之。」[4]孟子認為，不能從表面意思理解《詩》，要從全詩的整體思想出發去領會，循序漸進，能夠深刻理解《詩》的旨意。程子說：「學《詩》而不求《序》，猶欲入室而不由戶也。」[5]他強調，閱讀《詩經》，應注意先後順序，從

1　《十三經注疏・論語・子路》，北京：中華書局1979年版，第2507頁。
2　《十三經注疏・論語・陽貨》，北京：中華書局1979年版，第2525頁。
3　《十三經注疏・論語・為政》，北京：中華書局1979年版，第2461頁。
4　《十三經注疏・孟子・萬章上》，北京：中華書局，1979年版，第2737頁。
5　（宋）程顥、程頤著，王孝魚點校：《二程集》（下冊），北京：中華書局2004年版，第1046頁。

《序》入手，方知《詩經》的邏輯所在。呂祖謙主張讀《詩》應先看其大義，不要為文辭所害，局限於訓詁，而妨礙對《詩》之大義的探求。「或問：『《詩》如何學？』曰：『只於〈大序〉中求……〈詩小序〉，要之皆得大意，只後之觀《詩》者亦添入。」[1]在呂祖謙看來，學者閱讀《詩經》，不能局限訓詁，不能拘囿文辭，應該深思大意，廓然發微，順遂《詩經》的旨義，把握內在的靈魂與要義。

張栻對學者進行為學內容教育時，首提《詩經》，他說：「詩三百篇，美惡怨刺雖有不同，而其言之發，皆出於惻怛之公心，而非有他也[2]……學詩則有以興起其性情之正，學之所先也。」[3]他認為《詩經》之言辭皆出於惻怛之公心，學者學習《詩經》不僅可以興性情之正，順天道之理，還可以「興己之善；觀人之志；和平而無邪，故可以群；親切而不傷，故可以怨；溫柔敦厚，深篤乎人倫之際，故近可以事父，遠可以事君，而又可以多識鳥獸草木之名[4]……三百篇皆易其心而後語，得其所以言者也，故誦之而可以專對。」[5]張栻指出，學者熟讀《詩經》，收益良多。他們心起善念，察人之志，平和處事，親近對人，深研學問，熟知社會，對自己的道德修養、知識涵養、社會洞察均產生長久有益的影響。同時，張栻強調，學者閱讀《詩經》時，應該「平心易氣，誦詠反復，則將有所興起焉[6]……非平心易氣、反復涵泳之，則亦莫能通其旨也。」[7]學者平心靜心，反復涵泳，才能讀懂《詩經》深邃的思想，切忌淺嘗輒止，半途而廢。

---

1 （宋）呂祖謙著，黃靈庚、吳戰壘主編：《呂祖謙全集・呂氏家塾讀詩記》，第14頁。
2 （宋）張栻：《張栻全集・論語解》，第74頁。
3 （宋）張栻：《張栻全集・論語解》，第131頁。
4 （宋）張栻：《張栻全集・論語解》，第218頁。
5 （宋）張栻：《張栻全集・論語解》，第176頁。
6 （宋）張栻：《張栻全集・孟子說》，第450頁。
7 （宋）張栻：《張栻全集・論語解》，第75頁。

（二）關注對《禮》、《樂》、《中庸》的學習

《禮》是中國古代禮學的經典。在孔子思想體系中，「仁」是主觀修養，屬內心自覺；「禮」是客觀規範，屬外在約束。孔子說：「人而不仁，如禮何。」[1]又說：「克己復禮為仁。」[2]孔子認為，仁德與禮德是相互依存的。人缺少主觀修養，也不會遵循客觀規範。一個人只有加強自身的道德修養，才能遵守禮數，進行歸順仁德。在張栻看來，學者學《禮》，這是加強道德修養的根本前提，它影響學者自身道德修養的根本方向。《樂》涵養學者的品德與修養，陶冶性情，開拓人的思想境界，它與《禮》相互配合，宏觀擴展與細緻歸約統一起來，在學者的道德修養過程中發揮著重要的作用。

> 禮者所據之實地，學禮而後有所立也。至於樂，則和順積中，而不可以已焉，學之所由成也。[3]
> 樂節禮樂，則足以養中和之德，樂道人之善，則足以擴公恕之心。[4]

張栻指出，學者學習《禮》、《樂》，成人養德，學者學《禮》，能夠心中存根本而有所立，學《樂》滋養自身的中和之道，拓寬公恕之心。學者把對《詩經》、《禮》、《樂》的學習統一起來，順應天理，涵養心性，善莫大焉。「夫子常教人者，以此三者教人，使之涵泳踐履，循循有序，性與天道亦豈外是而他得哉？」[5]如果學者學《禮》

1　《十三經注疏・論語・八佾》，北京：中華書局1979年版，第2466頁。
2　《十三經注疏・論語・顏淵》，北京：中華書局1979年版，第2502頁。
3　（宋）張栻：《張栻全集・論語解》，第131頁。
4　（宋）張栻：《張栻全集・論語解》，第210頁。
5　（宋）張栻：《張栻全集・論語解》，第122頁。

好《樂》，循序漸進，用力琢磨，方能進於善道，德行日新，「若夫樂與好禮，則進於善道，有日新之功，其意味蓋無窮矣。」[1]

《中庸》原是《小戴禮記》中的一篇，後經秦代學者修改整理。《中庸》為宋代理學家所重視，北宋理學家程顥、程頤極力尊崇《中庸》，程子說：「不偏之謂中；不易之謂庸。中者，天下之正道。庸者，天下之定理。」[2]他們認為，中正是中庸的核心思想，影響著學者的自我修行方向與涵養心性之路。南宋朱熹作《中庸章句》，對《中庸》思想進一步闡述與說明。宋、元以後，《中庸》成為學校官定的教科書和科舉考試的必讀書，這對古代學者教育產生了極大的影響。

張栻自幼接受儒家思想的薰陶，把《中庸》看成是聖賢淵源之書，他說：「竊惟〈中庸〉一篇，聖賢之淵源也，體用隱顯，成己成物備矣。雖然，學者欲從事乎此，必知所從入，而後可以馴致焉……中庸之說，宜玩味。」[3]在張栻看來，《中庸》是體用隱顯一書，把深刻的道理與智慧融於短言妙語之中，學者以《中庸》為學習聖人的入門之書，審讀玩味，認真品味，漸入正道，絕不能淺嘗輒止，否則難掘精髓，難發真諦。其次，張栻認為，《中庸》是學者「體明天德」的工具書，學者在閱讀過程中應身體力行、學以致用。他說：「萬理歸于一者也，萬事本于經者也，萬變統于元者也，萬物成于性者也。天德不明，則萬理喪其歸，萬事紊其經，萬變錯其統，萬物失其性，而天地之化或變乎息矣。中庸之書蓋以明夫天德，極體用之妙，措之天下而與天地並行者也？」[4]張栻指出，萬物的運行依據天理，萬事的發展按照天理，天理不順、天德不明，則萬物生長規律紊亂，萬事

---

1 （宋）張栻：《張栻全集·論語解》，第73頁。
2 （宋）程顥、程頤著，王孝魚點校：《二程集》（上冊），北京：中華書局2004年版，第100頁。
3 （宋）張栻：《張栻全集·答鄭仲禮》，第937頁。
4 （宋）張栻：《張栻全集·跋中庸集解》，第1007頁。

發展規律錯亂。《中庸》就是闡述歸順天理、遵順天道的經典書籍，學者要以為藍本，認真閱讀，「反覆紬繹，將日新而無窮。不然譬諸枵腹，而觀他人之食之美也，亦奚以益哉？」[1] 學者重視《中庸》的重要性，從自身做起，反復琢磨，終有收穫，如果只是以旁觀者的身份環視，不入其門看熱鬧，不嘗果實自判味道，只是自欺欺人、得來終覺甚淺。

（三）重點學習《論語》、《孟子》

《論語》是儒家學派的經典著作之一，以語錄體和對話文體為主，記錄了孔子及其弟子言行，集中體現了孔子的政治主張、論理思想、道德觀念及教育原則。張栻十分重視《論語》的學習，他輯《論語說》，著《論語解》十卷，並依據《魯論》所載，疏二程之說於下，而推以己見，撰為《洙泗言仁》，從中發明仁說。通過解讀《論語》以求道，並將其貫徹到力行上，提出致知力行互相啟發，以明聖人之道。在他所寫的《論語序》中，向學者闡明學習《論語》的重要性，說到：「學者，學乎孔子者也。論語之書，孔子之言行莫詳焉，所當終身盡心者，宜莫先乎此也。聖人之道至矣，而其所以教人者大略則亦可睹焉[2]……論語不可一日不玩味。」[3] 張栻認為，《論語》一書，凝聚了孔子的核心思想，涵蓋了聖人之道，彙集了學者的為學要方，學者要熟讀深研。他說：「深味《論語》一書，聖人所以教人與學者所當用力者，蓋可以見著實務本乃為至要，才不帖帖地便使有外之心也。」[4] 張栻認為《論語》是聖人以「著實務本」為核心教育思

1　（宋）張栻：《張栻全集·跋中庸集解》，第1007頁。
2　（宋）張栻：《張栻全集·論語說序》，第751頁。
3　（宋）張栻：《張栻全集·答潘端叔》，第935頁。
4　（宋）張栻：《張栻全集·寄呂伯恭》，第893頁。

想的集中體現。學者深潛其書,篤實而行,漸悟其真。最後,張栻又說:「《論語》日夕玩味,覺得消磨病痛,變移氣質,須是潛心此書,久久愈見其味。」[1]學者應該把《論語》當做消磨「心」病之痛、「性」移之偏的優秀書選。

《孟子》記錄了戰國時期思想家孟子的治國思想和政治策略,是中國儒家典籍中的經世致用之書。書中心性論、義利之辨、養氣與成德、政治思想、德治觀念、教育主張、民本思想、仁政學說對後世學者影響極大。張栻熟讀《孟子》一書,深有體會,多有闡發,構成了他教育思想體系的重要部分。乾道四年,張栻為自己所寫的《孟子說》作序,著重闡發了存天理、行王道、去私欲等義理,體現了他經學理念與理學思想的結合。在《孟子說》序言中,他說到:

> 孟子當戰國橫流之時,發揮天理,遏止人欲,深切著明,撥亂反正之大綱也。其微辭奧義,備載七篇之書[2]……今七篇之書,廣大包含,至深至遠,而循求有序,充擴有方,在學者篤信力行何如爾[3]……蓋夫子之文章,無非性與天道之流行也。至孟子之時,如楊朱、墨翟、告子之徒,異說並興,孟子懼學者之惑而莫知所止也,於是指示大本而極言之,蓋有不得已焉耳矣。[4]

在《孟子說》序言中,張栻首先對《孟子》一書的主要內容與重要意義進行了闡述與說明,告知學者此書是順存天理、踐行人道、去

---

1 (宋)張栻:《張栻全集·答朱元晦》,第871頁。
2 (宋)張栻:《張栻全集·孟子講義序》,第754頁。
3 (宋)張栻:《張栻全集·孟子說序》,第239頁。
4 (宋)張栻:《張栻全集·孟子講義序》,第239頁。

除人欲的典範書籍。學者閱讀此書時，面對豐富廣達的內容，要心平以順天道，氣順以納善念，篤信力行，砥礪前行，這樣才能不能被外界的雜說、異端思想所蒙蔽，進而深刻理解《孟子》一書的真正價值。

(四) 理學經典教材——《西銘》、《二程遺書》

《西銘》是宋代張載從其〈乾稱篇〉一文摘出的，稱為「訂頑」。後來程頤改稱為「西銘」。《西銘》主要是「民胞物與」的泛愛論，即張載儒家提出的道德理想，中心意旨是發揚士的「承當」精神，即北宋士大夫以天下為己任的意識。朱熹把此段文字單獨拿出做注解，可見《西銘》在南宋理學家心中的地位。

張栻對《西銘》的內容很是讚賞，認為它講明瞭理一分殊，是學者求「仁」之要書。「理有會有通，會而為一，通則有萬，釐分縷析，各有攸當[1]……人之有是身也，則易以私，私則失其正理矣……西銘之作，懼夫私勝之流也，故推明其理之一以示人。理則一，而其分森然，自不可易。惟識夫理一，乃見其分之殊，明其分殊，則所謂理之一者斯周流而無蔽矣。此仁義之道所以常相須也，學者存此意，涵泳體察，求仁之要也。」[2]在張栻看來，《西銘》一書天理歸一，分殊明曉，渾然一體，講仁明道，學者仔細玩味，省察自我，將靈魂闡微與體魄強健結合在一起，走成人之道。

《二程遺書》是北宋理學家程顥、程頤的弟子記載二程平時的言行，宋二程子門人所記，而朱子復次錄之者也。學者閱讀此書，可以對宋代哲學思想的發展及其特性有一個較為系統的瞭解。張栻很崇信二程的理學理論，指出二程在儒學傳承中作了突出貢獻，「逮夫本

1　（宋）張栻：《張栻全集・答彭子壽》，第918頁。
2　（宋）張栻：《張栻全集・跋西銘》，第1009頁。

朝,濂溪周先生、橫渠張先生出,始能明其心,而二程先生則又盡發其大全,於是孔子之所以授于顏子,顏子之所以學乎孔子,與學者之所當從事乎顏子者,深切著明而無隱于來世者矣。」[1]張栻認為,北宋時期儒家思想得到了良好的傳承,二程先生功不可沒,他們深究內蘊,發揚光大,在儒學傳承與理學發展方面做出了突出的貢獻。張栻強調,學者要重視對於《二程遺書》的學習:「惟覺二程先生完全精粹,愈看愈無窮,不可不詳味也[2]……學者得是書,要當以篤信為本,謂聖賢之道由是可以學而至,味而求之,存而體之,涵泳敦篤,斯須勿舍,以終其身而後已[3]……若只靠言語上求解,則未是。須玩味其旨,於吾動靜之中體之,久久自別也。」[4]二程先生深受儒家思想的薰陶,所闡發的思想純正深邃、道理通曉明達,學者閱讀此書,涵泳敦篤,細品其旨,將儒家思想的世代傳承之精髓內化於心,外化於行,終身慎篤,收益良多。

二 讀書方法

讀書有益身心,其閱讀方法對於品味文字內容、體察事物道理有很大的幫助。張栻首先提出學者讀書的重要性,他說:「夫民人社稷,固無非學,而學固不獨在于書籍之間,然學必貴於讀書者。」[5]張栻認為,讀書可以「以夫多識前言往行」,不僅開拓學者眼界,也啟迪學者思維、增進學者的智慧。張栻除了指出學者讀書的重要性

1　(宋)張栻:《張栻全集・把希顏錄》,第1012頁。
2　(宋)張栻:《張栻全集・寄呂伯恭》,第891頁。
3　(宋)張栻:《張栻全集・跋西銘》,第1009頁。
4　(宋)張栻:《張栻全集・答胡季履》,第901頁。
5　(宋)張栻:《張栻全集・論語解》,第162頁。

外，對學者讀書的方法也相當重視，他認為良好的讀書方法是真正做好讀書過程的一半，對此他結合自己的讀書心得與教學經驗，給學者並提出了中肯的建議。

反對執辭以害意，張栻說：「大抵讀經書，須平心易氣，涵泳其間[1]……學者讀書，要當默會其理，若執辭以害意，則失之遠矣。」[2]他強調，學者讀書要平心靜氣，鑽研內蘊，重要的是融會貫通。學者在學習過程中，如果能夠觸類旁通，則一順百通，百通遂達。學者如果不及深處，執辭害意，僅從表像猜度內涵，自己迷誤其中，這就是一次失敗的讀書經歷，這樣的讀書過程，不僅自己當時毫無收穫，對以後的讀書活動開展也會帶來消極的影響。

重視以史論今，把讀書所得與現實情況結合起來，做到學以致用。張栻說：「古人遠矣，而言行見於詩書。頌其詩，讀其書，而不知其人，則何益乎？頌詩讀書，必將尚論其世，而後古人之心可得而明也[3]……蓋古人所遇之時不同，故其行事有異，而其道則一而已，考其時，究其用，而後其心可得而明。[4]」張栻認為，古今之事，展現形態與發展狀況所有不同，但存之道理，其為統一。學者身臨其境、設身處地閱讀古人書籍，將今人之事的發生、發展與古人所載所錄對比鑽研、探究，在特定的環境中去考察歷史的來龍去脈，這樣心懷明潔，於客觀事物的判別、對古今事情發展趨勢的研判就會歸沿規律，不妄然做出結論。

（三）學者閱讀史書時，張栻告知他們要學會「權度」，重在分析與歸納。他說：「讀史之法，要當考其興壞治亂之故，與夫一時人

1　（宋）張栻：《張栻全集・答湖守薛士龍寺正》，第821頁。
2　（宋）張栻：《張栻全集・孟子說》，第496頁。
3　（宋）張栻：《張栻全集・孟子說》，第424頁。
4　（宋）張栻：《張栻全集・孟子說》，第424頁。

才立朝行己之得失，必有權度則不差也。欲權度之在我，其惟求之六經乎！」[1]學者閱讀史書，權度史實，分析歷史事件的起因、經過與結果，對比事件的異同之處，總結經驗教訓，剖析問題的實質，有助於自身加深對當時歷史的理解。張栻認為，從學之人在權衡歷史事件時，應以「六經」為綱，為歸順天理為要，以仁德為判斷之核心，不能以自己的主觀臆想去分析與解讀歷史事件，否則將踏入評判無序、結論無準的領地。

第二節　張栻對學者為學教育的方法

　　學者從事學問研究，主要通過品讀經典作品，進行推理、分析與思考，進而矯正自己的行為、豐富自己的思想體系、改變自己對待人接物的思考。張栻認為，學者涵養知識的過程就是溫故知新、學思並進、知行合一的過程。學者既要鞏固所學知識，又要在原基礎上進行思維創新。張栻要求學者在為學過程中，有效地將自己的思考嵌入其中，不能勞累從學而失去獨立思考的能力，這樣的學問經不起時間的考驗。學者的知識涵養不能只停留在文字層面，更多地應放在自身修煉的實踐過程中。在為學方面，張栻給學者提供的方法主要有以下幾種：

一　溫故知新

　　溫故知新是指學者溫習曾學的知識，進而有新的體會，促使自己學業不斷取得進步。關於溫故知新，張栻說到：「學貴于時習[2]……傳

---

[1]　（宋）張栻：《張栻全集·西漢蒙求跋》，第1015頁。
[2]　（宋）張栻：《張栻全集·論語解》，第68頁。

而不習,則無以有諸躬[1]……溫故,存其所已能者也。知新,進其所未及者也。此雖兩義,而實相通。惟能溫故,是以知新也。[2]……故其知日新,此之謂好學。」[3]在張栻看來,知識的涵養與鞏固離不開溫故之過程,學者溫習固有的知識,這是開闢新知識領域的前提。學者有知新的想法與願望,才能更加重視溫故的過程。張栻認為,學者溫習舊有的知識,開發新的知識領域,循環下來,知識體系會更加完備,學業才能廣進。他對學者提出溫故知新的為學方法,產生了重要的影響。

二 學思並進

學習與思考是學者在追求學問過程中,兩個相輔相成、密不可分的活動。只有將二者完整地結合起來,才能把學業搞扎實、把知識弄透徹。《孟子·告子上》說:「耳目之官不思,而蔽於物,物交物,則引之而已矣。心之官則思,思則得之,不思則不得也。」[4]孟子指出,學者從學過程中,關鍵是開動筋腦,精研覃思,這樣方能心竅啟開,深刻領悟真知。學習是思考的基礎,思考是學習過程的昇華。宋代理學家認為,如果學習書本知識而不思考,就會不辨真偽,更不能融會貫通、學以致用;如果只是苦思冥想卻不認真讀書,就會孤陋寡聞,才疏學淺,更不能做到博見約取,標新立異。

張栻對於學習中學與思的關係這樣看待:

1　(宋)張栻:《張栻全集·論語解》,第69頁。
2　(宋)張栻:《張栻全集·論語解》,第77頁。
3　(宋)張栻:《張栻全集·論語解》,第229頁。
4　《十三經注疏·孟子·告子上》,北京:中華書局1979年版,第2753頁。

> 學者,學乎其事也,自灑掃應對進退而往,無非學也。思者,研窮其理之所以然也。[1]
> 學原于思,思固所以為學也。[2]
> 學貴于思,思而後有得。[3]

在張栻看來,學習的最終目的是思考,思考將學習的過程推向一個新的境界。思考是學習的動力,學者有了思考的驅使,將學習的廣度擴大、學習的深度加深,「學者所以習而行之也,習而行之,則其思為益矣」,[4]學者只有將學習與思考有機統一起來,才能把學問研究做到位。

接著,張栻又說出徒學、徒思的弊端,以警示學者在研究學問過程中,不能盲目從學、空談理論,有益的讀書過程應該是學養精思、思濟勤學的過程。他論述到:

> 然徒學而不能思,則無所發明,罔然而已。……然徒思而不務學,則無可據之地,危殆不安矣。[5]
> 然思至於忘寢與食,而不以學濟之,則亦為無益也。非以思為無益也,以思而不學則無益耳。[6]

學者鑽研、探究學問,把有效的學習過程與審思的思維行動結合起來,學習的過程才是充實的。學者只是學習而不進行深思,知識涵

1　(宋)張栻:《張栻全集·論語解》,第78頁。
2　(宋)張栻:《張栻全集·論語解》,第204頁。
3　(宋)張栻:《張栻全集·論語解》,第126頁。
4　(宋)張栻:《張栻全集·論語解》,第204頁。
5　(宋)張栻:《張栻全集·論語解》,第78頁。
6　(宋)張栻:《張栻全集·論語解》,第204頁。

養就不能進入新的領地，同樣，學者只是反復琢磨而不務實學習，思維就沒有可以昇華的境地，自己對知識理論的認知程度就會大大下降。張栻強調，學者在從學過程中學思並行，才能崇發道德，廣進學業，內外之工才能相濟發揮作用，「學而思則德益崇，思而學則業益廣，蓋其所學乃其思之所形，而其所思即其學之所存也。用功若此內外進矣。」[1]勤學為思考奠定了基礎，慎思為勤學鋪實了道路，在廣闊的道路上，學者用心放下每一顆經過思維加工的石子，這樣的學問之路才能變得更加開闊。

三　博約相須

學者博約相須的為學方法就是指廣求學問，順理而行，恪守禮法，達到博與精的相互統一。自孔子提出「博」與「約」這對範疇以來，歷代學者無不圍繞博、約問題闡發自己的觀點。《孟子‧離婁下》提出：「學而詳說之，將以反說約也。」[2]意思是學者廣博地學習，更大程度上發揮知識涵養的空間，在此基礎上，學者要學會詳細地分解知識結構，扼要地分析知識涵養的內容，這樣學有所得，才能穩固自己的知識體系。陸機在《文賦集解》曾說：「銘博約而溫潤，箴頓挫而清壯。」[3]這裡的「博約」是指學者寫作文章要內容廣博、言簡意明，字明大意，意體明理，體現磅礴之氣與精細論理的相統一。

張栻在給學者講述為學教育方法之時，首先對「博」、「約」概念進行了界定。他眼中的「博」是：「稽之前古，考之當今，以至于禮

1　（宋）張栻：《張栻全集‧論語解》，第78頁。
2　《十三經注疏‧孟子‧離婁下》，北京：中華書局1979年版，第2727頁。
3　（西晉）陸機著，張少康集釋：《文賦集解》，北京：人民文學出版社2002年版，第118頁。

儀三百、威儀三千,朝夕從事而學焉,所謂博也。極天下之理,講論問辨而不置焉,所謂詳也。」[1]張栻認為,學者在道德修養與知識涵養過程中,廣泛涉獵、博學明理,窮盡道數,臻至博學意境;同時學者要順道而為,窮盡天理,才能找準自己鑽研學問的正確方向,豐富自己的道德修養內容。相對於「博」的宏觀認識,他對「約」的看法是:「天下之理常存乎至約,而約為難言也,為難識也。故約者,道之所存也。守不約則本不立,言不約則義不明,而約不可徒得也,非功深力到則末由至也。」[2]在張栻看來,天理運行於萬物之間,精緻於「約」,學者在為學過程中,要克己復禮,固本守約,言行盡約,日積月累,用盡功夫,這樣臻至聖人的境界。

　　學者在從學過程中,正確處理「博」、「約」之間的關係,使自己的學問闡發於修身養性,並上升到新的高度,「博與約發相須,非博無以致其約,而非約無以居其博。」[3]從目的與手段的角度分析,學者博取是手段,居約是目的,廣博鑽研是為了求約的昇華;求約是為了進一步穩固博取的境域。張栻指出,學者涵養知識從博取到求約是不斷積累的慢功夫,反對急於求成,超越階段。他說:「博學詳說,則心廣義精,而所謂約者可得於言意之表矣。博學而詳說,是將以反之於己而說約也。學不博,說不詳,而曰我知約者,是特陋而已矣。若博學詳說,而志不在於求約者,則是外馳其心,務廣而誇多耳,非所謂學也[4]……必博文而約禮,然後可以弗畔。學者必弗畔,而後可以有進。」[5]從他論述的內容,我們可以悟出:學者博學詳說,「心」能最大限度地發揮主宰作用,義理才能更加精確,求約才能溢於言

1　(宋)張栻:《張栻全集・孟子說》,第377頁。
2　(宋)張栻:《張栻全集・孟子說》,第377頁。
3　(宋)張栻:《張栻全集・約齋記》,第729頁。
4　(宋)張栻:《張栻全集・孟子說》,第377頁。
5　(宋)張栻:《張栻全集・論語解》,第115頁。

表。如果學者只是表面層次的廣博涉取，則不能以「約」的形式進行規範，那麼學者就會變得浮誇而虛偽，心馳外物，性偏邪念，無能發揮自己的本領與力量。張栻在對胡季履（胡季履為張栻的弟子與女婿）的書信中，又一次指出，學者讀書博約相須的重要性：「所論讀書欲自博而趨約，此固前人規摹，其序固當爾。但旁觀博取之時，須常存趨約之意，庶不至溺心。又博與雜相似而不同，不可不察也。」[1]他指出，學者讀書的正確次序是廣博涉獵到居約納理，在廣泛吸收知識的同時，學者要時刻保有察識之心，含有居約之心，認真審視自己涉獵的內容是否順應天道、是否踐行人道，不能把自身的廣泛學習當作提升自己境界的直接路徑。張栻一直把博約相須的學習方法作為自己的人生進步之座右銘，在教育學生的過程中，他把博約相須的涵義進一步發揚廣大，讓學者在力行實踐中進一步感受博取與求約的內在精神動力。

四　循序漸進

循序漸進是指學者在研究學問與修身養性過程中，按照一定的步驟逐漸深入、有序開展，不要急於求成，不能好高騖遠。《論語·憲問》中提到：「不怨天，不尤人，下學上達。」[2]《論語》指出學者要從自身做起，切問近思，不斷提升自己的精神境界，此過程是在自己心思沉穩、步驟穩定的基礎上不斷前行。朱熹注：「此但自言其反己自修，循序漸進耳。」[3]朱熹指出，《論語》中提到的修身養性過程中的自我反省是循序漸進的過程，一日不可中斷。張栻同樣認為，循序

---

[1]　（宋）張栻：《張栻全集·答胡季履》，第901頁。
[2]　《十三經注疏·論語·憲問》，北京：中華書局，1979年版，第2513頁。
[3]　（宋）朱熹：《四書章句集注》，北京：中華書局，1983年版，第157頁。

漸進是學者鑽研學問過程中不可缺少的步驟。他以生物的生長為例，說起：「如物之生，循其序而生理達焉，若欲速成，則反害其生矣。」[1]萬物的生長順應天理、遵照客觀規律循序而行，如果急於長成、蹙然行使，往往不能長大成熟、結出碩果。他指出，學者在學習過程更應如此，「所謂循序者，自灑掃應對進退而往皆序也，由近以及遠，自粗以至精，學之方也。如適千里者，雖步步踏實，亦須循次而進。今欲闊步一蹴而至，有是理哉？自欺自誤而已。……欲速則期於成，而所為者必苟，故反以不達。」[2]千里之行始於足下，學者在研究學問與修身養性過程中，踏實為先，勤奮為要，從生活的小事做起，心穩氣順，篤實誠行，循次前進，才能完善自己的思想體系，善始善終。欲速則不達，學者如果先存功名之心，則亂了自己的求學步驟，急速跨越與飛速前行，外物與邪念乘虛而入，自己失去內心的主宰，將不會收穫良好的效果。

接著，張栻又從教學程序入手，展示學者循序漸進的益處：

> 是以古人之教，有小學，有大學[3]……今夫小子習為灑掃應對進退之事，是之謂小學。由是而致其知。則存乎其人，是之謂大學。至於充之而盡，亦初不離乎灑掃應對進退之間。若以此為末，而別求所謂本，則是析本末為二體，形而上者與形而下者不相管屬，其為弊蓋有不勝言矣。[4]
>
> 故聖門之學，先之以灑掃應對進退之事，所以長愛敬之端，而防敖惰之萌，使之循而有進也，其可忽諸？[5]

---

1 （宋）張栻：《張栻全集・論語解》，第195頁。
2 （宋）張栻：《張栻全集・論語解》，第178頁。
3 （宋）張栻：《張栻全集・答江文叔》，第915頁。
4 （宋）張栻：《張栻全集・論語解》，第231頁。
5 （宋）張栻：《張栻全集・論語解》，第195頁。

在教學程序方面，張栻主張由淺入深，由低到高，對學生首先灌輸「小學」、「六藝」的教育，這是涵養學識的基本內容，學者通過「灑掃應對」之類的日常鍛煉，履行弟子職責，「習乎六藝之節」，參與各種儒家祭祀和實踐活動；再加以「弦歌誦讀」，使學生學習達到高級階段；然後再研修深造，進入《大學》所指的格物致知階段。聖人之學是學者循序漸進的追求目標，循聖人之道，求聖人之境，是細慢工夫積累而成的，而不是一蹴而就可以得到的。

　　張栻認為，學者在為學過程中，深悟循序漸進的表現就是由「知學」到「好學」到「樂學」，「知之者，知有是道也；好之者，用工之篤也；至於樂之，則工夫至到而有以自得矣。」[1]學者從知曉道理做起，順應天理，窮盡自己的思考，存養自己的性情，工夫到而內心有所得。從現實生活出發闡明教育的本質，是張栻對學者教育的一個特色。他以日常生活的五穀為例，進一步闡述「知學」、「好學」、「樂學」之間的關係，「譬之五穀，知者知其可食者也，好者食之者也，樂者食之而飽者也。知之而後能好之，好之而後能樂之，知而不能好，則是知之未至也；好之而未及于樂，則是好之未至也。此古之學者所以自強而不息者與？」[2]在日常生活中，我們只有品嘗到食物的美味，才能對其產生食用的好感，進而滿足味蕾，達到飽食的效果。正如學者學習一樣，知曉事物發展與運行的道理，就淺嘗輒止，不深入探求事物內在的運行規律，最終不能將其消化、運用，轉化成自己的行動指南，將不能體會到「道」的奧秘，也不能從學習實踐中得到身心的愉悅。

1　（宋）張栻：《張栻全集·論語解》，第112頁。

2　（宋）張栻：《張栻全集·論語解》，第112頁。

五　致知力行

　　致知力行是說學者將自己學到的知識與通曉的道理，努力去行動、付諸實踐，讓涵養的知識、通達的道理去指導實踐行動，真正實現知行合一。朱熹說：「論先後，當以致知為先；論輕重，當以力行為重。」[1]他認為涵養、致知、力行三者，便是以涵養為首，內心致知次之，身體力行是學者修身養性的歸宿。學者的道德修養是綜合表達，先鑽研、探討，這是學者加強自身修煉的前提條件，學者付諸於實踐行動，才能進一步將道德修養的成果展現出來。

　　張栻在教學過程中，很注重對學生傳述知行合一的思想。他認為，知行合一的思想是師生共同進步的標尺，是學習聖人的入手點，「考聖人之教人固不越乎致知力行之大端」。[2]他對「知」、「行」之間的關係做了具體闡述：

> 知有精粗，行有淺深，然知常在先，固有知之而不能行者矣，未有不知而能行者也。[3]
> 始則據其所知而行之，行之力則知愈進，知之深則行愈達⋯⋯蓋致知力行，此兩者工夫互相發也[4]⋯⋯內外交正，本末不遺，條理如此，而後可以言無弊。[5]

　　在張栻看來，「知」在先，學者才能夯實自己的學問基礎與修身

1　（宋）黎靖德：《朱子語類》，第1642頁。
2　（宋）張栻：《張栻全集・寄周子充尚書》，第935頁。
3　（宋）張栻：《張栻全集・寄周子充尚書》，第817頁。
4　（宋）張栻：《張栻全集・寄周子充尚書》，第818頁。
5　（宋）張栻：《張栻全集・論語說序》，第751頁。

養性之厚度，如果沒有「知」的獲得與涵養，學者的行動就會變成無根之木、無源之水。學者在研討學問過程中，知曉道理越深刻，他的言行舉止就會變得更加豁達開闊、規範有約，如果學者言行舉止在規矩範圍內得到良好的進步，那麼學者的求「知」範圍就會變得更廣博，即將進入新的領地進行探索。

為了讓學者進一步瞭解「知」、「行」之間的關係，張栻又以日常生活中的孝悌之事為例，對其「知」、「行」關係進行闡述：

> 聲氣容色之間，灑掃應對進退之事……且以孝於親一事論之，自其粗者知有冬溫夏清，昏定晨省，則當行溫清定省，行之而又知其有進於此者，則又從而行之。知之進，則行愈有所施；行之力，則知愈有所進，以至於聖人。人倫之至，其等級固遠，其曲折固多然，亦必由是而循循可至焉耳。[1]

「知」、「行」屬於同一個認識過程，二者相即不離，孝悌之行須以孝悌之知為指導，眾人深刻理解孝悌道理的內涵，就會自然地生發出孝悌的行動，達到行孝悌之舉與明孝悌之理的相融合。聖人的高尚境界也是符合知行合一原則的，求知可促進踐行，踐行亦可促進明知。張栻還指出，學者在致知力行的學習過程中要有踏實的精神：「聖人教人以下學之事，下學工夫浸密，則所為上達者愈深，非下學之外又別為上達之工也，致知力行皆是下學，……學者且當務守，守非拘迫之謂不走作也，守得定則天理浸明，自然漸漸開拓，若強欲驟開拓則將窮大，而失其居，無地以崇德矣，惟收拾豪氣，毋忽卑近，深厚縝密，以進窮理居敬之工則所望也[2]……致知力行，要須自近，

1　(宋)張栻：《張栻全集・寄周子充尚書》，第817頁。
2　(宋)張栻：《張栻全集・答周允升》，第910頁。

步步踏實地乃有所進，不然，貪慕高遠，終恐無益。」[1]學者踏實從學、務實做事，則會順應天理，開闊內心，進而崇德明道，居敬窮理，這是下學功夫達到了致知力行的效果。相反，學者如果只是好高騖遠，眼觀未來而不知近處努力的方向，仰慕聖人之道而不懂勤奮為學的重要，最終得不到致知力行的原則指向，心路堵塞，行路偏頗，終不能受益。

在恰當處理「知」、「行」關係方面，張栻認為，學者不僅要有豐富的知識，在道德修養方面也要重視實踐力量。他說：「善學者以身履之為貴[2]……不惟躬行實踐之務，而懷豐收之心，起速成之意，徒欲以聰明揣度于語言求解，則失其傳為愈甚矣。」[3]學者加強自身的道德修養，要躬身而行，親歷親為，不能自作聰明，心懷滿足，速成的修養辦法不能從根本上陶冶人的性情，也不能推進學者道德修養的實際進度。在張栻看來，學者致知力行譬如生活的行路，真正地體驗生活，觀察社會才能見多識廣，豐富自己的人生閱歷。他對此形象描述為：「學不躐等也，譬諸燕人適越，其道裡之所從，城郭之所經，山川之阻修，風雨之晦冥，必一一實履焉。中道無畫，然後越可幾哉也，若坐環堵之室，而望越之渺茫，車不發軔，而欲乘雲駕風以遂抵越，有是理！」[4]學者在修身過程中，要把力行放在重要的位置，實踐先行，收益良多。若學者居坐環堵之室，浮想聯翩，空談理論，終無大益。學者從事力行活動，最基本的是要從身邊基本事情做起，「善言學者必以灑掃應對進退為先焉。」[5]

1　（宋）張栻：《張栻全集·答潘端叔》，第935頁。
2　（宋）張栻：《張栻全集·論語解》，第77頁。
3　（宋）張栻：《張栻全集·洙泗言仁序》，第752頁。
4　（宋）張栻：《張栻全集·弗措齋記》，第721頁。
5　（宋）張栻：《張栻全集·弗措齋記》，第721頁。

六　涵養察識

　　所謂涵養是指學者在道德修養與知識研討過程中，按照天道倫理、道德規範來指導自己的行動，陶冶自己的性情，涵養知識，以此來提升自己的精神境界。察識是指學者在從學過程中的對自己的行為動機與修煉結果進行反省，糾正不良後果，剷除不良動機，並依天理行事。張栻關於涵養察識，有自己的研究心得，他認為學者應先涵養後察識，說：「人人固有秉彝。若不栽培涵泳，如何會有得？古人教人自灑掃應對進退禮樂射御之類皆是栽培涵泳之類，若不下工，坐待有得而後存養，是枵腹不食而求飽也。[1] 學者從日常生活中的小事做起，在實際生活中掌握言行的規矩與原則，讓自己歸順正道，這是學者涵養性情、增進聖人境界的前提與基礎。如果學者沒有涵養的修身過程，就不能做好察識自身的修煉內容，這是典型的饑餓不食而追求飽意。

　　為了讓學者深刻涵養察識的內在蘊意，張栻又對涵養、察識之間的關係做了進一步闡述，告知學者涵養固本、察識養性的深刻道理，讓大家在現實生活中把握好兩者之間的關係，開拓道德修養的良好境界。他說：

> 大要持養是本，省察所以成其持養之工者也。[2]
> 大抵涵養之厚，則發見必多；體察之精，則根本益固。未知大體者，且據所見自持，而於發處加察，自然漸覺有工。不然，都不培壅，但欲省察，恐膠膠擾擾，而知見無由得發也。[3]

---

[1]　（宋）張栻：《張栻全集‧答胡季隨》，第1002頁。
[2]　（宋）張栻：《張栻全集‧與吳晦叔》，第948頁。
[3]　（宋）張栻：《張栻全集‧答吳晦叔》，第953頁。

學者加強涵養，可以幫助他們尋「本」，學者知「本」而立，才可以察識大體。察識的著眼點就在學者尋「本」的開端，他們一面加強自己的修身進程，一邊省察自己的性情涵養過程。在整個過程中，學者的學問鑽研與道德修養才能佔據實地，充分有效地發揮出來。張栻強調，涵養固本還可以助學者治「偏」，去除邪念，少走彎路。他說：「所謂靜思與臨事有異，要當深於靜處下涵養之功，本立則臨事有力也[1]⋯⋯然就學者用工。常患於偏，欲其弘則懼夫肆，欲其毅則懼夫拘，是非弘毅之正也，氣習之所乘也。在學者初用工，亦無憂其有此，然要知其為病，而致吾存養窮索之力耳。」[2]學者沉浸思考、靜心涵養，長久以往，就會神定心穩，治療學者欲弘懼肆、欲毅懼拘的偏頗之病。涵養身心是學者靜心體察的要旨，在陶冶自身性情的過程中，學者應身體力行，不斷察識自己的不足之處，不斷反省自我，縮小與聖人的距離，促進自己學問與道德修養的共同進步，努力成為品德高尚、智慧超群、對後世有深遠影響的人。

小結

張栻對學者的為學教育主要側重於知識涵養教育，他提倡學者要熟讀《詩經》，以定心志，穩固性情，豐富知識，察識社會；告知學者要重視《禮》、《樂》、《中庸》的學習，遵守禮數、居敬有約，臻至中庸之道。《論語》、《孟子》是儒家的經典書籍，也是學者進入聖人之門的核心書籍，張栻告知學者要對儒家經典著作細品深研、仔細玩味，微發內旨，深刻體悟其內在蘊意。宋朝的理學經典教材《西銘》、《二程遺書》以討論天道性命問題為中心，理學思想豐富，道理

1　（宋）張栻：《張栻全集・答喬德瞻》，第932頁。
2　（宋）張栻：《張栻全集・答章茂獻》，第918頁。

闡述明白而深刻，張栻強調，學者對於北宋的重要理學著作要深研拓展，細緻探究，把自己的知識所學與內心感悟統一於踐行天道的言行中，這樣才能達到涵養心性、察識自身的目的。

　　讀書方法影響著學者為學教育的進程、質量與實際效果。張栻在對學者進行為學教育的同時，他提倡學者溫故知新，把自己曾經所學知識當成取得新境地的階梯，鼓勵學者學思並進、博約相須，把自己的知識涵養與內在思考有機統一起來，將廣博的知識獵取與天道之行、禮法之約結合起來，這樣的自身修煉，才能上升到一個新的檔次。學者盼至聖人的目標，不可急於求成，也不能好高鶩遠，應該在循序漸進的過程中，篤實而為、致知力行、克己復禮，不斷涵養察識自己的心性修養，反思自身的不足之處，尋找新的提升點，朝著聖人的目標努力前行。

第五章
張栻社會教化思想

　　社會教化屬廣義教育範疇，中國古代社會教化的理論與實踐以儒家教化思想為主導，用具體的行為方式把家國、社會、倫理等諸多關係與個人的社會生活緊密地聯繫起來，目的是維護社會的穩定，保證統治秩序的健康發展。張栻在為官生涯過程中，勸農固本，既保證了農民的基本生活，又穩定了社會秩序，他重教興學、興師重道，在當地樹立起一股新的文風。張栻有效管理當地百姓，讓百姓守法尊禮，行孝悌之道，明人情之理，不僅清風滌俗，也穩定了當地的社會秩序。

第一節　張栻社會教化思想之前提

　　南宋時期，政治、經濟、文化等方面都得到了一定的發展和進步。在政治上，南宋加強中央集權的統治，奉行崇文抑武的政策，大批文官進入地方行政機構，開啟了文官治理地方、管理地方的新時代。在經濟上，由於商品經濟的發展，從事商業貿易的人數逐漸增加，唯利是圖的思想開始滲入到民眾的日常行為習慣中去。地方官員以儒家崇義賤利思想教化農民，讓他們懂得農業固本之重要，這是維護國家統治、安定社會秩序的重要方面。在文化上，士大夫崇信儒家思想，並努力將其付諸於社會實踐。南宋經濟的發展，對社會產生了深刻的影響，它加劇了貧富分化，百姓中不良社會現象隨著經濟的發展不斷滋生。宋朝的士大夫為提高民眾的道德水平，通過撰寫諭俗文、俗訓的方式，向民眾傳播儒家倫理道德和社會秩序，努力推進

「一道德，同風俗」的進程。張栻作為著名的南宋士大夫，他在為官過程中，通過撰寫諭俗文向民眾傳播儒家倫理道德，教化農民思想，化解社會矛盾，促進當地農業發展。

張栻指出，實行社會教化目的是使整個社會趨善、向善，他說：「所謂教者，亦教之以善而已矣。」[1] 接著，他又強調仁德善政是善於教化的前提，「善政謂立之制度，善教謂陶以風化。夫政之未善則民無以自養，而況得以事其公上乎？……先制其田里，使各有常產，公平均一而無不足之患，然後政教可行焉。……善政立而後善教可行，所謂富而教之者也。」[2] 他從「制民之產」的思想出發，主張養民教民必須使民有常產，能夠饑有所食，渴有所飲，免除了饑寒之害，然後教以禮義，民才知善、從事善舉。「民既有以自養，則庠序學校之教可行焉。」[3]

第二節 張栻社會教化思想之內容

社會教化是官員通過一定的管理途徑對百姓進行教育感化，目的是「訓經宣達，遠近畢理，咸承聖志」。[4] 古代社會教化的主要內容是政治化的倫理道德，其教化的方法主要有以下幾種：（一）宣傳道德理念。從三國時代起，已有「宣傳明教」一語（《魏略・李孚傳》）。古代社會教化正面宣傳、明達道德，消弭不穩定的輿論因素，維護穩固的社會秩序。（二）表彰言行。這是古代社會教化的一種主要形式，官員通過表彰模範人物與社會典型，凝聚人心，弘揚正氣，使悖

1　（宋）張栻：《張栻全集・孟子說》，第360頁。
2　（宋）張栻：《張栻全集・孟子說》，第472頁。
3　（宋）張栻：《張栻全集・孟子說》，第318頁。
4　（西漢）司馬遷：《史記・秦始皇本紀》，北京：中華書局，2013年版，第308頁。

逆者順服地方統治，讓怠惰者勤勉力行。「凡有孝子順孫，貞女義婦，讓財救患，及學士為民法式者，皆匾表其門，以興善行。」[1]官員採取表彰模範人物的方式，潛移默化地規範著百姓的言行，讓他們在接受儒家修身思想的基礎上，進一步完善自我。（三）監督勸告。這既是對鄉官對百姓教化的一種監督，同時又是官員加強自身警示的表現形式。古代官員在治理當地過程中，通過勸告百姓勤勉為農、興辦教育、節儉生活、滌清風氣等方面來傳授他們的社會教化思想。通過官員的勸告、監督、教化，百姓間出現互相訓告、扶持、教誨的局面，全民反覆自我錘煉對官府的服從心理，從而一些反正統的思想、邪惡念頭、不軌行為，被遏制於萌生之初，受到道義壓力與思想認知的譴責。張栻對百姓的社會教化核心是「德化」，通過正面的宣傳、引導與感化，使民眾思想不超越儒家思想規定的界限，以達到意識形態管理的最高境界，即「善教得民心」。張栻對百姓社會教化的內容主要包含勸農固本、重教興學、守法尊禮、清風滌俗等幾個方面。

一　勸農固本

　　重農思想是國家治理過程中的重要思想，它強調農業是國家之根本，優先發展農業生產，才能穩定社稷、富民生活、安定秩序，這一思想反映了歷代君王對社會穩定和國家安全的深思熟慮。張栻作為古代社會士大階級的有識之士，他清醒地認識到，國家統治秩序的維持，社會的穩定與發展，就是因為有了農民和土地。農民在土地上進行耕種與勞作，以糧為本，以農固本，這是人心穩定前提。他說：「土地吾愛之于先君者也，人民吾所恃以為國者也，政事吾所心治

---

[1] 《續漢書·百官志五》。

也，以之為寶，則必敬之而不敢慢，重之而不敢輕，愛惜護持而惟恐其有所玷失也。」[1]從論述中可以得知，人民和土地是國家賴以存在的根基。張栻因認識到土地在生活和生產中的重要性，在社會教化方面很重視農業的發展。他說：「農者，天下之本，善為治者，必使斯民盡力于農[2]……教民使治其田疇，而輕為之賦斂，則民皆可使富……蓋百姓足而後君無不足也。後世但以足國為富而不及乎民，所謂撅其本也。[3]」君主如果能注重農業的發展，教民從農，減輕賦斂，富民生活，人民支持君主的統治，人心聚國力強，這是君王固本行仁的有力之舉。

淳熙三年，張栻作《勸農文》來勸告百姓勤於農業，在文中寫到：「民生之本在於農事，農事在修貴在瘅力。治其陂澤，利其器用，糞其田疇。其耕也必深，其耘也必詳。日夜以思，謹視詳審，無或鹵莽，且率其婦子相協濟其事，用力之瘅如此，而後收穫之報可得而期。」[4]從《勸農文》中可以看出，張栻從當時的實際情況出發，告知百姓，從事農業生產是他們生存與發展的根本。他不僅勸告民眾關注農事，還對農業生產措施進行了詳細說明，耕地求深、耘地盡詳，並鼓勵他們辛勤勞動。百姓在田地裡辛勤地耕作，這是獲得豐收喜悅的前提。如果百姓不重視農業生產，不能從根本上掌握農業生產技術，秋穫無收，則對自己的生活造成極大的困難。張栻在給友人所寫的《多稼亭記》中，指出官吏在為官過程中，要重視當地農業的發展，帶領百姓一併致富，他說：「吏于斯者，以暇時登臨，觀稼穡之瘅勞，而念民生之不易。其時之不可以奪。其力之不可以不裕，而又

1　（宋）張栻：《張栻全集·孟子說》，第345頁。
2　（宋）張栻：《張栻全集·孟子說》，第321頁。
3　（宋）張栻：《張栻全集·孟子說》，第468頁。
4　（宋）張栻：《張栻全集·勸農文》，第1194頁。

謹視其苗之肥瘠，時夫雨暘之節，以察吾政事之若否，幸而一稔，則又不敢以為己之能，而益思勉其不可以怠者，閔閔然，皇皇然，無須臾而寧於心，其庶矣乎籲是春秋之意也。」[1]張栻認為，官員政務之餘，觀莊稼之長勢，察百姓之民情，這不僅能夠督促百姓從事農業生產，也是官民一心、安定社會秩序的重要舉措。官員對農事的重視，不僅體現於自己的政績，也是體察民情、關心民事的重要表現。張栻熟讀儒家經書，作為官員的代表，他重視農業的發展，鼓勵農民勤於農業、興於農業、富於農業，這種富民、足民的為民思想展現了古代官員勤政為官的縮影。

二　重教興學

南宋政府很重視勸諭民眾，興學教化百姓，當時社會學派林立，學風繁盛，形成了良好的重教氛圍。朱熹知江西南康軍時，就極力推崇「勸學恤民，興利除害」。他在知漳州時，就頒文敬告說：「請諸父老，常為解說，使後生弟子知所遵守，去惡從善，取是舍非，愛惜體膚，保守家業，子孫或有美質，即遣上學讀書，學道修身，興起門戶。」[2]官府向百姓頒佈興學重教的告示，旨在提高百姓的文化水平，進而促進社會風氣的淨化與社會秩序的穩定。楊簡任職江西樂平縣時，目睹學宮隘陋，便號召民眾集資修葺，目的在讓士子發明本心，還要使全部邑人都學為君子。他說：「國家設科目，欲求真才實能，共理天下。設學校，亦欲教養實能，使進於科目，非具文而已。然士之應科目，處學校，往往謂取經義、詩賦、策論耳，善為是，雖士行掃盡，無害于高科，他何以為？持此心讀聖人書，不惟大失聖人

1　（宋）張栻：《張栻全集・多稼亭記》，第742頁。
2　（宋）朱熹：《朱熹集・諭俗文》，第5200頁。

開明學者之意，亦大失國家教養之意。」[1]楊簡指出，學校是培養人才的基地，政府建立學校，學者才有深入鑽研學問、修煉本性的空間，自己的聰明才智才能充分地發揮出來。他要求學者通過治學，培養「仁義」之心，即「本心」、「良心」，而不是「利祿」之心，這是大家學習聖人的根本之所在，也是官府興學辦教的根本之所在。

對百姓的社會教化方面，張栻首先指出重教興學的意義：「教之行，愚者可使之明，柔者可使之強。」[2]教育對人的成長有重要作用，可以提升人的認知水平，可以涵養人的性情，可以修煉人的品行。張栻認為，對百姓進行社會教化，是國家提高民眾整體素質的必要舉措。他指出學校在社會教化中發揮著重要作用：「某惟念所以善其俗，宜莫先於學校。」[3]同時說到，社會教化的主要內容是明鑒人倫，即「三綱五常」，這是百姓的生存之綱，也是他們遵循人性倫理的原則，「人之有道，所以異乎庶物者，以其有父子之親，君臣之義，夫婦之別，長幼之序，朋友之信也[4]……人之大倫，天之所敘，而人性所有也。人惟不能明其理，故不盡其分，以至於傷恩害義，而淪胥其常性[5]……所謂不教民者，不教之以三綱五典之義，而驅于戰爭用之以無道也。」[6]百姓能夠遵循「三綱五常」的原理，明曉人倫，分明事理，行孝悌之舉，凝聚共識力量，這是國家從道德層面教育百姓的著眼點。

張栻為官一方，大力興辦學校，建立城南書院，主教於嶽麓書院，培養了大批人才。他時刻心系百姓，不忘江山社稷，還於靜江學

1　（宋）楊簡著：《慈湖遺書》，影印文淵閣四庫全書本。
2　（宋）張栻：《張栻全集·論語解》，第206頁。
3　（宋）張栻：《張栻全集·雷州學記》，第687頁。
4　（宋）張栻：《張栻全集·孟子說》，第324頁。
5　（宋）張栻：《張栻全集·孟子說》，第317頁。
6　（宋）張栻：《張栻全集·孟子說》，第455頁。

宮明倫堂旁立周敦頤、二程「三先生祠」並為之作記，以告知百姓學習的重要性。張栻崇信周敦頤、二程理學，對他們評價很高，表彰三人在理學道統中的重要作用和功績，稱「師道之不可不立」，以期薰陶百姓，達到對民眾教化的目的。他認為，周敦頤從太極本源出發，自得其心，研討事物發展的規律，對後世產生了深遠的影響，大家在加強自身修養的同時，要銘記先生的教誨，從中領悟深刻的內涵，繼承與發揚先生的學問，以求真理的獲得，「先生起于遠方，乃超然有所自得於其心，本乎易之太極、中庸之誠，以極乎天地萬物之變化，其教人使之志伊尹之志，學顏子之學。推之于治，先王之禮樂刑政可舉而行，如指諸掌[1]……于惟先生，絕學是繼，窮原大極，示我來世。」[2]理學家二程得周敦頤先生之真傳，並將其發揚光大，推動了理學思想的發展與進步。張栻認為，在治校思想方面，應大力推崇二程的學問，不僅可以從中深挖其思想精髓，還可以身體力行，對思想境界進一步光大，「河南二程先生兄弟從而得其說，推明究極之，廣大精微，殆無餘蘊，學者始知夫孔孟之所以教，蓋在此而不在乎他，學可以至於聖，治不可以不本於學，而道德性命初不外乎日用之實。其于致知力行，具有條理，而詖淫邪遁之說皆無以自隱，可謂盛矣。」[3]二程先生苦盡功夫，深悟聖道，言辭精微，內蘊哲理，學者深研其中，定有效果。張栻強調，在理學思想不斷豐富的宋朝，今建立三先生祠堂意義非凡，警示後生不忘先賢之業績，勤勉自勵，追善遺風，「繼自今瞻三先生之在此祠也，其各起敬起慕，求其書而讀之，味其言，考其行，講論紬繹，心存而身履，循之以進于孔孟之門

1　（宋）張栻：《張栻全集·道州重建濂溪周先生祠堂記》，第699頁。

2　（宋）張栻：《張栻全集·三先生畫像贊》，第1050頁。

3　（宋）張栻：《張栻全集·道州重建濂溪周先生祠堂記》，第699頁。

牆，將見人才之作興，與瀧江為無窮矣。」[1]張栻認為，百姓日行瞻仰三先生祠堂，誦讀其篇，內心昇華，外感有形，標榜聖人，成就自己，滌清社會，這是他興學重教的關鍵環節之所在。

三　守法尊禮

禮、法是儒家長久提倡與遵循的命題，有歷史淵源與現實意義。守法與尊禮互為表裡，不可偏廢。百姓尊禮才能敬法，社會的治理與規範，需要禮的約束與節制。人民守法才能踐行禮的準則。張栻深刻地認識到這一點，他在為官的當地，隱瞞和販賣人口現象相當嚴重，「一訪聞愚民無知，生子多不舉，在於刑禁至重前後官司，舉行戒諭非不丁寧，往往習俗未能悛改」。張栻從儒家倫理角度，對其勸說：「人各有生，莫親于父母兒女之愛，何忍至此！男女雖多，它日豈不能相助營緝生計，寧有反患不給之理？以利滅親，悖逆天道，如有不悛，許人告捉，支賞依條施行。」[2]張栻認為，父母兒女之愛是天性之愛，是恪守儒家倫理道德的大愛，隱瞞和販賣人口，有傷天道之理，有害倫理道德之行，如果怙惡不悛，必將對傷及道德倫理，威脅社會秩序的穩定。「一訪聞鄉落愚民誘引他人妻室，販賣他處，謂之卷伴。詞訟到官，追治監錮，押往尋覓，緣此破蕩者前後非一，不知懲戒。其卷伴之人，官司自合嚴行懲治外，亦緣細民往往不務安業，葺理農事，多往南州，興販逐錐刀之利，動經年歲不返鄉閭，妻室無依，以至為他人卷伴前去。自今各仰依分安常，營生自守，保其家室，無致招悔。」張栻指出，販賣人口增強人口的流動性，人心散亂，民心不一，不僅對農業生產造成了不良的影響，也在社會層面形

---

[1]　（宋）張栻：《張栻全集‧三先生祠記》，第708頁。
[2]　（宋）張栻：《張栻全集‧諭俗文》，第774頁。

成行商誘利的社會風氣，如果不依法處置，整個社會秩序有可能在混亂中喪失基本恪守規範。整治販賣人口，可以涵養倫理道德，淨化社會風氣，「並仰鄉民反復思念，遁相告諭。父老長上教勸子弟，共行遵依，以善風俗。或致犯法，後悔難追，各仰知悉。」[1]張栻經略廣西前後四年，破除迷信，整治社會不良行為，美化社會風俗，政通人和，因而深受當地人民擁戴。

淳熙元年（1174）張栻已退居長沙三年，「上復念公」，乃詔除舊職，知靜江府（今廣西桂林）經略安撫廣南西路。廣南西路離朝廷絕遠，當地習俗尚仇殺，互相爭鬥，並時而發生邊民的掠奪行為。張栻到任後，精簡州兵，汰冗補闕。又傳令各溪洞的酋長頭領，喻之以大義，歸勸他們互相之間消除積怨，和睦相處，不得相互擄掠，仇殺生事。隨後，張栻又派兵謹關防，以備以測，並捉拿反抗的邊民。經過張栻的精心治理，有效安撫，廣西境內清平，方外柔服，社會治安良好。

四　清風滌俗

社會風俗與教化的完善與否，是國家治理完善與否的直接體現。清風滌俗，促使社會進入良性而和諧的運行軌道，是社會治理良好的具體表現。關於風俗教化，司馬光說：「教化，國家之急務也……風俗，天下之大事也……夫惟明智君子，深識長慮，然後知其為益之大而收功之遠也。」[2]司馬光將社會教化看作國家治理過程中亟需解決的問題，其中改變風俗、淨化社會風氣是社會教化的核心內容，國家

---

[1]　（宋）張栻：《張栻全集·諭俗文》，第776頁。
[2]　（宋）司馬光著、霞紹暉點校：《司馬光集》，成都：四川大學出版社2010年版，第121頁。

長治久安關鍵在於長久時間的社會教化。張栻在為官生涯中,不斷踐行以德治國的思想,將社會教化思想轉進移風易俗的時代軌道。淳熙二年(1175)三月,他剛到桂林不久,在親自訪問和細心調查研究基礎上,得出管轄範圍內風俗不美事件,立即頒佈《諭俗文》,指出「愚民無知」,企圖以理學思想和道德力量改變社會風俗,通過社會教化達到治理的目的。他說:「欲動之以禮,然後為盡善。動之以禮者,以禮教民風動之也,此雖統言為政之道至此而後善,然所以成己亦一而已。」[1]張栻指出,君子執政為民,以禮為要,以禮先行,百姓才能隨為政善道不斷改變自己的言行舉止、生活習慣、生產方式,這樣社會風俗的淨化與改變,不用刑法的鞭笞,而在善念的推使下,真正實現目的。

　　張栻在地方執政期間,對其社會風俗的滌清主要體現在以下幾個方面:

　　反對封建迷信,當地人的封建迷信表現在兩個方面:1、當地百姓遇到疾病,妄聽巫師邪說,歸咎於祖墳不吉,掘墳免災,「一訪聞愚民無知,遇有災病等事,妄聽師巫等人邪說,輒歸罪父祖墳墓不吉,發掘取棺,棲寄它處,謂之出祖,動經年歲,不得歸土。」[2]張栻認為,百姓被封建迷信所蒙蔽,遇到災病,歸咎祖墳,這是不符合天理與人道邏輯的,更應該從自身的主觀層面尋找緣由。他指出:「豈有自己祖先既然已歸土,妄謂於己不利,自行發掘,于天理人情,豈不傷害?」[3]遇到這種情形,張栻的處理辦法是:「契勘在法,犯他人墳墓,刑禁甚重,榜到日,如有出祖未歸土者,仰限一月,各復收葬,過限不葬,及今後有犯上項事節,並許人陳告,依條施

1　(宋)張栻:《張栻全集・論語解》,第204頁。
2　(宋)張栻:《張栻全集・諭俗文》,第774頁。
3　(宋)張栻:《張栻全集・諭俗文》,第774頁。

行。」[1]張栻認為，百姓遭遇災病之事，妄掘祖墳，此舉實在不可取，他命令有所舉動之人，儘快各復收葬，順天道而為之，回歸本真。

2、當地百姓遇到疾病，病不服藥，妄聽巫祈禱，危害自身健康，「一訪聞愚民無知，病不服藥，妄聽師巫淫祀謠禱，因循至死，反謂祈禱未至，曾不之悔。甚至臥病在床，至親不視，極害義理。」[2]針對這種妄行，張栻通過發佈榜文給予百姓教育，「契勘疾病生於寒暑沖冒，飲食失時，自合問醫用藥治療。親戚之間，當興孝慈之心，相與照管，其鄰里等人亦合時來存問。至於師巫之說，皆無是理，只是撰造恐動，使人離析親黨，破損錢物，枉壞性命。」[3]張栻指出，人的生病與飲食、寒暑、水土有較密切的關係，並非巫術能解決好的，百姓沉溺於巫術治病，則是逆天理而動、踏人道而行，這不僅不能從根本上把病人的病治好，反而蠱惑人心、擾亂社會秩序，傷民傷財，應該堅決取締。張栻強調，對於那些坑害百姓的巫師，「本府已出榜禁止捉押，決定依條重作施行。」[4]

反對過度奢靡：當地百姓的過度奢靡主要集中於喪葬之禮和婚姻之禮兩個方面。張栻說：「訪聞愚民無知，喪葬之禮不遵法度，裝迎之際務為華飾，壙墓之間，過為屋宇，及聽僧人等誑誘，多作緣事，廣辦齋筵，竭產假貸，以侈靡相誇，……訪聞婚姻之際，亦復僭度，以財相狗，以氣相高，帷帳酒食，過為華靡。」[5]百姓在喪葬與婚禮期間，廣辦齋筵，巧飾華美，內空荒誕，浪費錢財，這是導致百姓不能過上富裕生活的直接因素。對於喪葬之禮，張栻在榜文上指出，盡

1　（宋）張栻：《張栻全集・諭俗文》，第774頁。
2　（宋）張栻：《張栻全集・諭俗文》，第774頁。
3　（宋）張栻：《張栻全集・諭俗文》，第774頁。
4　（宋）張栻：《張栻全集・諭俗文》，第774頁。
5　（宋）張栻：《張栻全集・諭俗文》，第774頁。

孝的根本在於心誠，行孝的重心在於主敬，而不是用外在的奢華來表達自己的誠意，這種以虛掩實的辦法是不可取的，他說：「曾不知喪葬之禮務在主於哀敬，隨家力量，使亡者以時歸土，便是孝順。豈在侈靡？無益亡者，有害風俗」。[1]張栻對於婚姻之禮的舉行，也有自己的看法，他從結婚的實質意義出發，指出結婚是愛情的形式表達，兩情相悅才能觸摸到真愛的靈魂，僅有表層形式的奢靡與浪費，這是自欺欺人的表現。如果官府有關部門不能給予百姓正確的引導，那麼效仿邪風盛行，將嚴重影響社會風氣的淨化。張栻通過榜文這樣教育當地百姓：「曾不知為父母之道，要使男女及時，各有所歸，婚姻結好，豈為財物，其侈靡等事，一時之間，徒足以欺眩鄉閭無知之人，而在身在家，所損不細。若有不悛，當治其尤甚者，以正風俗。」[2]張栻指出，奢靡的婚姻之風不會實現結婚的真正目的，百姓各歸屬自己愛慕對象，喜結良緣，就能心滿父母之願，情足各自所要。張栻反對奢靡浪費的社會教化思想在當時產生了重要影響，百姓從自身的實際情況出發，認識自己的愚昧無知之處，並在張栻的勸告與指導下，進行了改正。儒家教育思想對於人性深層世界的解讀與詮釋，也是張栻儒家教育思想在百姓心中的傳播。

小結

　　古代社會社會教化主要包括教授生活技能、教導行為規範、樹立面向未來的生活目標等幾方面的內容。張栻在地方為官生涯中，他對當地的百姓主要進行了日常生活規範、道德規範、角色規範，告知他

1　（宋）張栻：《張栻全集·諭俗文》，第774頁。
2　（宋）張栻：《張栻全集·諭俗文》，第774頁。

們要重視農業的發展,反對賤義崇利,並將農業生產技能向百姓進行傳授。興辦學業是張栻社會教化思想的重要內容。他在主政地方與興辦書院的過程中,提倡興學重教,把儒家的經典著作、宋朝的理學著作當作辦學的重要教材,將理學經典思想傳至後世,讓他們發揚光大。張栻的興學重教社會教化思想不僅提升了當地百姓的文化水平,也對社會文風的培養發揮了重要的作用。張栻在頒佈的諭允文中,告知百姓勿聽封建迷信、勿施巫術、勿鋪張浪費。這些忠實諄告,浸潤百姓心中,他們反思自己的言行舉止,自悟生活之道,感知自己的愚鈍與迷惑之處,省察自身的不足。當地百姓在張栻的勸告與引導之下,紛紛糾正自己的錯誤做法,他們多從自己的主觀做法尋找問題的癥結,把農村社會的倫理之道與社會規範統一起來,踐行納言,勤儉節約,生活狀況逐漸好了起來。張栻的社會教化思想不僅拯救了當地的百姓,也豐富了自己的為官經歷,這種憂國憂民的國家治理思想對後世也產生深遠的影響。

第六章
張栻教育思想的傳承與評價

　　張栻作為一代教育名師，他的教育思想隨著時代的發展與演變，呈現出重視經世致用、反對利祿之學、傳道濟民等鮮明特色。張栻主教嶽麓書院時，培養了一批才華兼備的學者。在對學者的教育過程中，張栻告知他們心存主宰，存養心性，順應天理而行。在具體的道德修養方面，張栻要求學者克己勉勵，追求「仁」道，以發善念；崇義賤利，修身明德；遵禮而行，居約言行；篤實而行，夯實內基；明曉智慧，通達人道。這是他們能夠齊家、治國、平天下的根本保障。張栻隨著知識閱歷的豐富與歷史書籍的閱讀，他清楚地發現，自隋唐設立科舉取士制度以來，學校便成了科舉的附庸，學者促心於功名利祿，「爭馳功利之末」，以「異端空虛之說」為是，忽略了知識涵養與道德修養的過程。在張栻看來，從學之人如果只是為了自己的功名利祿而學，則真正喪失了從學的根本與靈魂，也是對儒家思想傳承過程的藐視與踐踏。改變以往的教學方式、重振儒家育人的根本風尚、書院教學注重學生的操行培養，讓學者的道德修養與國家的發展統一起來，是張栻教育思想不斷發展的重要方面。

第一節　張栻教育思想的傳承

　　在辦學指導思想方面，張栻主張以「成就人材，以傳道濟民」為方針。他在《嶽麓書院記》中指出：「豈特使子群居佚談，但決科利祿計乎？亦豈使子習為言語文辭之工而已乎？蓋欲成就人材，以傳道

而濟斯民也。」[1]這既是張栻為嶽麓書院制定的辦學方針，又是他最根本的教育思想。自隋唐立科舉取士制度以後直到宋代，科舉考試的弊端日益暴露。南宋官學的弊端主要表現為士子們主要是以自身的利益為根本出發點，而沒有憂國憂民的精神。張栻的上述主張便是針對這種弊端而提出來的。其一，他明確提出辦學不僅是為考試而考試，不能「為決科利祿計」，他希望教育培養出來的人才是能夠擔負起「傳道而濟斯民」的人才；其二，提出「亦豈使子習為言語之辭之工」，意即反對學校以綴輯文辭為教，而應注重學生的道德修養；其三，張栻提出辦學的根本目的是「傳道濟民」，學校要為社會培養經國濟世的人才。

張栻在嶽麓書院培養了一大批弟子，他們把重視「經世之學」作為「踐履」的重要標準，成為湖湘學派的中堅力量。李肖聃在《湘學略》中說：「南軒進學于嶽麓，傳道于二江（靜江和江陵），湘蜀門徒之盛，一時無兩。」[2]李肖聃指出，張栻的教學理念與教學方式得到了湖湘地區學子的認可，他們在修煉自身的道路上不斷琢磨、反思、玩味，將張栻的教學思想內化於心、外化於行，不斷涵養察識自我，道德修養深延，學業認知廣進。張栻的弟子不僅獲得了老師思想的真傳，同時也注重師承思想的重要性，他們把自己的思想認知與道德修養功夫傳遞於自己的弟子與後人，蔚然成風，前程廣亮。

《宋元學案》中說：「宣公身後，湖湘弟子有從止齋、岷隱遊者。然如彭忠肅公之節概，吳文定公之勳名，二游、文清、莊簡公之德器，以至胡盤谷輩，嶽麓之鉅子也。再傳而得漫塘、實齋。誰謂張氏之後弱于朱乎！」[3]張栻主要弟子有「開禧北伐」功臣吳獵、趙方，官至

1　（宋）張栻：《張栻全集・潭州重修嶽麓書院記》，第693頁。
2　李肖聃：《湘學略》。
3　（清）黃宗羲（原著）、全祖望修，陳金生、梁運華點校：《宋元學案・南軒學案》，北京：中華書局1986年版，第1642頁。

吏部侍郎的「忠鯁之臣」彭龜年，組織抗金、「銳志當世」的游九言、游九功兄弟，善於理財，整頓「交子」（紙幣）卓有成效的陳琦，「光於世學」的理學家張忠恕等。他們都是張栻主教嶽麓時的學生，被稱之為「嶽麓鉅子」，他們把自己所學知識與實踐相結合，推動學術的進步，努力踐行修身、齊家、治國、平天下的人生理想。

張栻主要弟子一覽表

張栻弟子姓名	人物簡介	從張栻遊學情況	備註
胡大時	胡大時，字季隨，崇安人，五峰季子。南軒以女妻之。湖湘學者以胡大時與吳畏齋為第一。摘自《宋元學案·嶽麓諸儒學案》	南軒從學于五峰，大時從學于南軒，南軒卒，其弟子盡歸止齋，先生亦受業焉。又往來于朱子，問難不遺餘力。最後師象山。摘自《宋元學案·嶽麓諸儒學案》	朱子稱胡大時「須確實有志，而才敏方可，若小小聰悟，亦徒然。」胡大時著名格言「心目不可不開闊，工夫不可不縝密。」摘自《宋元學案·嶽麓諸儒學案》
彭龜年	字子壽，清江人。歷官左迪功部、袁州宜春縣尉、從政郎、安福縣丞，改宣教郎主管建昌軍仙都觀，太學博士，兼魏王府教授，遷國子監丞，以侍御史林大中薦為禦史台主簿，司農寺丞，進秘書郎兼嘉王府直講，吏部侍郎，並待讀。龜年忠君憂	七歲而孤，事母盡孝。性穎異，讀書能解大義。及長，得程氏《易》讀之，至忘寢食，從朱熹、張栻質疑，而學益明。摘自《宋史·彭龜年傳》	彭龜年格言：「《大學》格物致知之外，非別有所謂誠意、正心、修身、齊家、治國、平天下之道。其疏於各條之下者，即格物致知之事，未嘗有闕文也。」又言：「大本者，即此理之存，達道者，即此理之行，未有極

張栻弟子姓名	人物簡介	從張栻遊學情況	備註
	國之忱,先見之識,直言敢諫之氣,皆人所難,善惡是非辨析甚嚴。其學識博廣,著有《解經祭儀正致錄》、《奏議外制》、《內治聖鑒》、《止堂集》等。 摘自《宋史‧彭龜年傳》		其中而不和者,未有天地位而萬物不育者,不必分說。時中者,以其全得此理,故無時而不中,非是就時上取中也。」 摘自《宋元學案‧嶽麓諸儒學案》
吳　獵	字德夫,潭州醴陵人。登進士第,初主溳州平南簿。時張栻經略廣西,檄攝靜江府教授。劉焞代栻,栻以獵薦,辟本司準備差遣。 摘自《宋史‧吳獵傳》	年二十三,見張宣公,稱其宏裕疏暢,曰:「吾道知不孤矣。」先生謂聖賢教人莫先於求仁,乃以孔門問答及周、程以來諸儒凡言仁者,萃類疏析以請正,宣公是之。 摘自《宋元學案‧嶽麓諸儒學案》	魏了翁對其評價是:「吳公之碩大寬深,山嶽鎮而江河流也。」 摘自《宋元學案‧嶽麓諸儒學案》
游九言	字誠之,初名九思,號默齋,建陽(今屬福建)人。以祖蔭入仕,曾舉江西漕司進士第一。歷古田尉,江川綠事參軍,沿海制司幹官。開禧初,辟為淮西安撫司機宜	先生始學于宣公,宣公教以求放心,久之有得。後入張栻廣西、江陵帥幕。 摘自《宋元學案‧嶽麓諸儒學案》 《南軒文集》中有	嘗序《太極圖》曰:「周子以無極加太極,何也?方其寂然無思,萬善未發,是無極也。雖云未發,而此心昭然,靈源不昧,是太極也。欲知太

張栻弟子姓名	人物簡介	從張栻遊學情況	備註
	文字，又以不附韓侂冑罷。有語錄詩文集，已佚，後人輯為《默齋遺稿》二卷。摘自《宋元學案‧嶽麓諸儒學案》	張栻答游九言問忠信諸條。摘自《張栻全集》	極，先識吾心。」摘自《宋元學案‧嶽麓諸儒學案》
游九功	字勉之，建陽人。用蔭補官。嘉定中，召為兵部郎官。兼樞密副都承旨，知慶元，以循吏稱。入權刑部侍郎，丐祠，再召，不赴，除待制加寶謨閣直學士。寶祐中，諡莊簡。摘自《宋元學案‧嶽麓諸儒學案》	先生清慎廉恪，與兄九言自為師友，講明理學，號受齋先生。摘自《宋元學案‧嶽麓諸儒學案》	入見，首言「守邊必先結人心」，又言「征役無已，以資苞苴囊橐，而民心失。將帥朘削，功賞不以時下，而軍心失。倚仗諛，諱疾忌醫，而士夫之心失。」摘自《宋元學案‧嶽麓諸儒學案》
陳　概	字平甫，普城人也。乾道進士，對策慷慨，魏艮齋讀而奇之，告以「君鄉有張敬夫者，醇儒也」，先生遂以書問學，與兄栗同刻志于聖賢之道。摘自《宋元學案‧二江諸儒學案》	淳熙、嘉定而後，蜀士宵續燈、雨聚笠以從事于南軒之書，湖、湘間反不如也。然則平甫之功大矣。平甫嘗言于南軒，欲自漢、唐以來諸儒之嘉言懿行萃為一編，以明道統，又欲訪周、程、張子之後人而周恤之，惜其	自是范文叔、范季才始負笈從之，則皆平甫倡導之功也，或者請益既久，遂執弟子之禮乎？摘自《宋元學案‧二江諸儒學案》

張栻弟子姓名	人物簡介	從張栻遊學情況	備註
		著述之無所傳也。摘自《宋元學案·二江諸儒學案》《南軒集答平甫書》及所作《潔白堂記》。摘自《張栻全集》	
楊知章	潼川人，號雲山老人。累舉不仕。摘自《宋元學案·二江諸儒學案》	得張宣公之學於廣漢。歸而喜以授其子，曰：「欲造聖門，當從此入，造深養熟，內外合一，治己治人之道，備於此矣。」摘自《宋元學案·二江諸儒學案》	
李修己	字思永，豐城人也。乾道進士，參興國軍事。先生居官，一介不取，而友愛任恤，不計有無，故歿無私蓄。有《李成州集》十卷。子義山。摘自《宋元學案·二江諸儒學案》	李修己故與彭止堂為同年相善，因介紹之，從南軒遊。方聚同志講學，先生與上下其議論。摘自《宋元學案·二江諸儒學案》	格言「當息其已學，求所未學」摘自《宋元學案·二江諸儒學案》
張仕佺	字子真，延平人，通判融州，宦學有聞。摘自《宋元學案·二江諸儒學案》	從張敬夫，南軒高弟。摘自《宋元學案·二江諸儒學案》	

張栻弟子姓名	人物簡介	從張栻遊學情況	備註
范仲黼	字文叔，成都人，正獻公祖禹之後也。仕至通直郎，為國子博士，兼皇侄許國公府教授。 摘自《宋元學案·二江諸儒學案》	先生始從南軒學，杜門十年，不汲汲於進取。後以著作郎知彭州，學者稱為月舟先生。晚年講學二江之上，南軒之教遂大行於蜀中。 摘自《宋元學案·二江諸儒學案》	鶴山謂其「剖析精微，羅絡隱遁，直接五峰之傳。」晦翁、東萊皆推敬之。 摘自《宋元學案·二江諸儒學案》
范子長	字少才，成都人也，二江先生從子。以進士官太學，有要人慕而候之，先生避焉。 摘自《宋元學案·二江諸儒學案》	與其弟子該，字少約，同游南軒之門。二江范月舟者，南軒高弟也。 摘自《宋元學案·二江諸儒學案》	鶴山魏文靖公嘗序其事，所云「閉幹木之門，或謂迫斯可見，卻陽貨之饋，乃復拜以其亡」是也。少約與陳同甫善。 摘自《宋元學案·二江諸儒學案》
范蓀	字季才，成都人也。仁壽虞提刑剛簡，嘗請先生講學滄江書院。累官宗正寺丞，知邛州。 摘自《宋元學案·二江諸儒學案》	幹、淳以後，南軒之學盛於蜀中，范文叔為之魁，而范少才、少約與先生並稱嫡傳，時人謂之四范。 摘自《宋元學案·二江諸儒學案》	鶴山之稱先生有曰：「學本誠一，論不籧篨，自浩氣養心以求道腴，不茹剛吐柔而求聲利，了翁敢不勉希前輩，益勵後圖，或可代諸老先生之對，庶不貽吾黨小子之羞者也。」

張栻弟子姓名	人物簡介	從張栻遊學情況	備註
			摘自《宋元學案‧二江諸儒學案》
宋德之	字正仲，唐安人也。慶元二年，外省第一，為山南道掌書記。召除國子正，遷武學博士，後遷樞密院編修。 摘自《宋元學案‧二江諸儒學案》	先生學于南軒之門，少與范文叔輩講道。 摘自《宋元學案‧二江諸儒學案》	
王　遇	字子合，龍溪人。父羽儀，衢州通判，博學有文。先生第乾道進士。歷長樂令，通判贛州，薦章交上。除大宗正丞，遷右司郎中，以考校殿廬卒。著有《論孟講義》、《兩漢博議》及文集。號東湖先生。 摘自《宋元學案‧鹿山學案》	受學于朱、張、呂之門，而與廖槎溪、黃勉齋、陳北溪友善。 摘自《宋元學案‧鹿山學案》	子合嘗問學問之道何先，象山曰：「親師友，去己之不美也。人資質有美惡，得師友琢磨，知己之不美而改之。」子合曰：「是。請益。」不答。象山曰：「子合要某說性善性惡，伊、洛、釋、老此等話不副其求，故曰是而已。」吾欲其理會此說，所以不答。 摘自《象山語錄》
吳必大	字伯豐，興國人。以父任補官，為吉水丞。屬權指朱文公為	先生早事張南軒、呂東萊，晚師文公，深究理學，議	

張栻弟子姓名	人物簡介	從張栻遊學情況	備註
	偽學,遂致仕。摘自《宋元學案·滄州諸儒學案》	論操守,為儒林所重。摘自《宋元學案·滄州諸儒學案》	
襲蓋卿	字夢錫,常寧人。以明經擢第。往師朱文公,明義理之學。入諫垣為右正言,以直道事君。摘自《宋元學案·滄州諸儒學案》	與王居仁同時執經南軒之門。摘自《宋元學案·滄州諸儒學案》《困學紀聞三箋》謝山於周子靜條亦云:「襲蓋卿,南軒弟子。」	
陳孔碩	字膚仲,侯官人。祖禧、父衡,皆為晦翁所稱許。著《中庸大學解》、《北山集》,學者稱為北山先生。官秘閣修撰。摘自《宋元學案·滄州諸儒學案》	先生少即以聖賢自期。既從南軒、東萊學,後偕其兄孔夙事晦翁。摘自《宋元學案·滄州諸儒學案》	
呂勝己	字季克。仕為湖南幹官,曆倅江州,知杭州,官至朝請大夫。自號渭川居士。摘自《宋元學案·滄州諸儒學案》	先生從張南軒、朱晦翁講學。摘自《宋元學案·滄州諸儒學案》	晦翁為和東堂九詠詩。摘自《宋元學案·滄州諸儒學案》
舒璘	字符質,一字符賓,奉化人也。楊文靖公弟子也,故少得聞伊	時張宣公宦中都,請益焉,有所開警。朱子與呂成公	楊文靖公嘗曰「元質孝友忠實,道心融明。」樓宣獻公

張栻弟子姓名	人物簡介	從張栻遊學情況	備註
	洛之說。先生狀貌不踰中人，而雅有大志，恥以一善自名。先生素以天下為己任，雖居冷官，未嘗忘世事。時時為徽之牧守言荒政、茶鹽常平、義倉、役法，皆鑿鑿可見之施行。摘自《宋元學案·廣平定川學案》	講學於婺，徒步往從之。摘自《宋元學案·廣平定川學案》	亦曰：「元質如熙然之陽春。」格言「每自循省，苟不聞道，何以為人？」摘自《宋元學案·廣平定川學案》
傅夢泉	字子淵，號若水，建昌南城人。為人機警敏悟，疏通洞達，學於象山。嘗講學曾潭之滸，學者稱曾潭先生。所著有《石鼓文》。摘自《宋元學案·槐堂諸儒學案》	《南城志》云：「嘗游陸象山、朱晦庵、張南軒之門。」張南軒《與朱元晦書》曰：「澧州教授傅夢泉來相見，乃是陸子靜上足，剛介有立，但所論學，多類揚眉瞬目之機。子靜此病，曾磨切之否？亦殊可懼。」又曰：「夢泉守師說甚力。此人若肯聽人平章，他日恐有可望。」摘自《張栻全集·與朱元晦書》	宗羲案：陸子之在象山五年間，弟子屬籍者至數千人，何其盛哉！然其學脈流傳，偏在浙東，此外則傅夢泉而已。摘自《宋元學案·槐堂諸儒學案》

張栻弟子姓名	人物簡介	從張栻遊學情況	備註
詹阜民	字子南，先生號默信，遂安人。累官宗正寺丞，兼駕部郎中，知徽州府。祖望謹案：子南以淳熙六年侍學于陸子，自言初見請教大旨，以當識義利公私之弊。 摘自《宋元學案‧槐堂諸儒學案》	子南嘗從張南軒遊，以所類洙泗言仁者察之，終不能仁，及見陸子，始解。 摘自《宋元學案‧槐堂諸儒學案》	
詹儀之	字體仁，遂安人也。累官吏部侍郎，知靜江府。已而以蠻語謫袁州。光宗登極，以其嘗為宮寮，許自便。 摘自《宋元學案‧麗澤諸儒學案》	張宣公守嚴州，東萊分教，先生俱從之遊。又嘗從朱文公問學。 摘自《宋元學案‧麗澤諸儒學案》 張栻曰：「詹體仁，慤實肯講學，不易得，但未免弱，蓋膽薄而少決。今日善類多有此病，每力振之，以此思剛明之質，誠不易得。」 摘自《張栻全集》	
周奭	字允升，湘鄉人。乾道間，鄉薦再舉，不第。 摘自《宋元學案‧嶽	南軒問：「天與太極何如？」先生曰：「天可言配，太極不可言合。」	先生又及戴岷隱之門。 摘自《宋元學案‧嶽麓諸儒學案》

張栻弟子姓名	人物簡介	從張栻遊學情況	備註
	麓諸儒學案》	天,形體也;太極,性也。惟聖人能盡性,人極所以立。」南軒以為然。題其亭曰敬齋。 摘自《宋元學案‧嶽麓諸儒學案》	
趙善佐	字佐卿,邵武人。以宗室子授將樂丞,累官知泰州、常德府、贛州,奉法愛民,以勤儉自約飭,不妄費公帑,幹請無所應。在贛踰年卒,民哀思之。著有《易疑問答》。 摘自《宋元學案‧嶽麓諸儒學案》	趙善佐嘗受學于南軒,亦嘗從朱子遊。 摘自《宋元學案‧嶽麓諸儒學案》	
陳　琦	字擇之,號克齋,臨江人也。乾道進士。張於湖招入幕,陳琦負用世才,遇事迎刃而解,事至不拒,事定亦不自有其功,與人絕無崖岸,而亦不詭從也。 摘自《宋元學案‧嶽麓諸儒學案》	因從南軒遊,進進日新,南軒甚屬意焉。南軒帥桂林,復招入幕。 摘自《宋元學案‧嶽麓諸儒學案》	祖望謹案:南軒弟子,多留心經濟之學,其最顯者為吳畏齋、游默齋,而克齋亦其流亞云。 摘自《宋元學案‧嶽麓諸儒學案》

張栻弟子姓名	人物簡介	從張栻遊學情況	備註
吳　倫	字子常，零陵人也。摘自《宋元學案·嶽麓諸儒學案》	南軒帥江陵，以先生從，臨終，謂先生曰：「蟬蛻人欲之私，春容天理之妙。」摘自《宋元學案·嶽麓諸儒學案》	
蔣　復	字汝行，零陵人。隱居東山，介然自守，非其人不與交也。所著有《淡嚴文集》。摘自《宋元學案·嶽麓諸儒學案》	零陵之從南軒者，先生與吳倫最有名。摘自《宋元學案·嶽麓諸儒學案》	
鍾如愚	字師顏，湘潭人，年十六，以書問仁，因留受業。弱冠中進士科，刻意學而不仕。晚官嶺海，引年而歸，除南嶽書院山長，監南嶽廟。摘自《宋元學案·嶽麓諸儒學案》	南軒之弟子也。摘自《宋元學案·嶽麓諸儒學案》	
張　巽	字子文，泉州人。有草堂在錦溪，稱錦溪先生。摘自《宋元學案·嶽麓諸儒學案》	父寓，知臨江軍，嘗與南軒共學，遣先生從之游。摘自《宋元學案·嶽麓諸儒學案》	
王居仁	字習隱，常寧人也。摘自《宋元學案·嶽	嘗與龔蓋卿同學于南軒，登進士。	

張栻弟子姓名	人物簡介	從張栻遊學情況	備註
	麓諸儒學案》	摘自《宋元學案‧嶽麓諸儒學案》	
趙　方	字彥直，衡山人。淳熙中，舉進士，曆知青陽縣，先生起儒生，帥邊十年，以戰為守，合官民兵為一體，通制總司為一家。其殁也，人皆惜之。先生嘗問相業於劉靜春清之，對以留意人才，故知名士皆拔為大吏，諸名將多在麾下，推誠擢任，能致其死力云。摘自《宋元學案‧嶽麓諸儒學案》	早從南軒學。《宋史‧趙方傳》云：「父棠，少從胡宏學，嘗見張浚於督府，浚奇之，命子栻與棠交，方遂從栻學。」是明言忠肅為南軒弟子。史傳又言：「其提舉京西常平時，劉光祖以耆德為帥，方事以師禮，自言吾性太剛，每見劉公，使人更和緩。」是忠肅又以後溪為師矣。	
梁子強	字仁伯，不知何所人也。嘗官潭州教授。摘自《宋元學案‧嶽麓諸儒學案》	南軒高弟。摘自《宋元學案‧嶽麓諸儒學案》	
鍾照之	字彥昭，樂平人也。紹興進士，為善化尉，司教宜陽，遷宿松令。所至，士民皆愛敬之。摘自《宋元學案‧嶽	從南軒游，南軒手書《淇澳》一章，期以「學問到，則天理明，而本心立」。先生服膺終身。	

張栻弟子姓名	人物簡介	從張栻遊學情況	備註
	麓諸儒學案》	摘自《宋元學案·嶽麓諸儒學案》	
蔣元夫	清湘人也。摘自《宋元學案·嶽麓諸儒學案》	從南軒遊，亦嘗學於象山。摘自《宋元學案·嶽麓諸儒學案》	
沈有開	字應先，常州人也。少嗜學，志其大者。摘自《宋元學案·嶽麓諸儒學案》	張宣公守嚴州，士從之游者尚少，先生首執贄焉。摘自《宋元學案·嶽麓諸儒學案》	水心銘其墓，謂：「先生之學，不衒於繁而守其要，可謂善言德行矣。」摘自《宋元學案·嶽麓諸儒學案》。
曾　撙	字節夫，建昌人。其父信道，以學問識度為呂紫微輩推重。先生隆興元年進士。摘自《宋元學案·嶽麓諸儒學案》	從南軒遊。南軒《與曾節夫撫幹書》曰：「左右天資之美，閑處正宜進步工夫，不可悠悠。且須察自家偏處，自聲容氣色上細細檢察。向在長沙，或者多疑左右以為簡忽，此雖是愛憎不同，要之致得人如此看，亦是自家未盡涵養變化，異日願有觀焉。」摘自《張栻全集·與曾節夫撫幹書》	

張栻弟子姓名	人物簡介	從張栻遊學情況	備註
宋文仲	字伯華，安陸人也。景文之後，寓居衡陽。召赴都堂審察，其後不知官位所至。摘自《宋元學案·嶽麓諸儒學案》	南軒高弟。摘自《宋元學案·嶽麓諸儒學案》	
宋剛仲	字仲潛，文仲弟，嘗知高安。摘自《宋元學案·嶽麓諸儒學案》	與兄齊名，亦從南軒。摘自《宋元學案·嶽麓諸儒學案》	
吳 儆	初名偁，字益恭，號竹洲，休寧人。紹興進士，歷知泰州。晦庵、南軒、東萊、龍川、梭山、石湖、止齋皆與之友善。先生以親老請祠，餘閒與從遊，窮經論史，考德訂業，分齋肄業，如安定湖學之法以為教。卒諡文肅。摘自《宋元學案．嶽麓諸儒學案》	雲濠謹案：《儒林宗派》列先生于南軒門人。程篁墩序先生文集，言其知邕州時，南軒方經略嶺右，而先生獲受教焉。南軒以書告晦庵曰：「吳益恭忠義果斷，緩急可仗，未見其匹。」摘自《宋元學案·嶽麓諸儒學案》	
曹 集	不知何所人也。其知南康軍時，楊誠齋薦之曰：「具官胄出世家，躬服寒素，……再列朝班，皆在六部，不事干謁，不肯	少從名儒張栻講道，以為士君子之學，不過一實字。摘自《宋元學案·嶽麓諸儒學案》	

張栻弟子姓名	人物簡介	從張栻遊學情況	備註
	附麗，皆以為迂。及知南康，其政一遵朱熹之舊，如乞均減星子一縣豫賣，如輟郡廩以教育白鹿書院生徒，皆朱熹欲為而未及盡行者。南康地褊民貧，每歲流徙不絕，今皆安集，無有愁歎。望賜旌擢，以為良吏愛民之勸。」誠齋是疏，所薦三人，其一為王道夫，其一為徐居厚，而先生參之，賢可知矣。 摘自《宋元學案‧嶽麓諸儒學案》		
蘇　權	字元中，仙遊人，淳熙中登第，歷梧州推官，調福州教授，改秩知餘干縣，終辰州守。有《春秋解》三卷。 摘自《宋元學案‧嶽麓諸儒學案》	侍父洸官賓州，因學于南軒。 摘自《宋元學案‧嶽麓諸儒學案》	
周去非	永嘉人，浮沚先生族孫也。成隆興癸未進士，通判紹興府。有《嶺外代答》十卷，	學于南軒，嘗從之桂林。 摘自《宋元學案‧嶽麓諸儒學案》	

張栻弟子姓名	人物簡介	從張栻遊學情況	備註
	所記皆桂林事也。 摘自《宋元學案·嶽麓諸儒學案》		
謝用賓	祁陽人也。少跌宕負才氣，以特奏名任橫州法曹。 摘自《宋元學案·嶽麓諸儒學案》	嘗讀南軒《希顏錄》而慕之，造謁門下，求一言可以行之終身者。南軒曰：「其敬乎！」自是守之不替。 摘自《宋元學案·嶽麓諸儒學案》	
蕭　佐	字定夫，湘鄉人也。 摘自《宋元學案·嶽麓諸儒學案》	其父為黎才翁，故從五峰胡氏學，而于張宣公為同門，先生因受業于宣公，授以居敬之旨。 摘自《宋元學案·嶽麓諸儒學案》	魏了翁嘗為作《師友堂銘》。 摘自《宋元學案·嶽麓諸儒學案》
李　壁	字季章，自號雁湖居士，眉之丹棱人，文簡公燾第三子也。以父任入官，後登進士第。召試為正字，甯宗朝，累遷禮部尚書參知政事，兼同知樞密院事。先生嗜學如饑渴，群經百氏，搜抉靡遺，于典章制度	梓材謹案：真西山《跋劉靜春與南軒帖》云：「是歲淳熙戊戌，眉山參政李公年甫冠，其季今制閫侍郎十有八耳，靜春皆以蜀中師表許之，又屬宣公成就之。」侍郎謂文肅，參政即先	頌詞：大參蕞背，海內襥氣。方其壯年，銳於立事。議論豈無少差，要于大義無愧。中間維持善類，破除奸黨，厥功不細。至於淹貫古今，臨事商推，憂國憂君，一飯不忘，今世如

張栻弟子姓名	人物簡介	從張栻遊學情況	備註
	尤綜練。所著有《雁湖集》一百卷、《消塵錄》三卷、《中興戰功錄》三卷等。 摘自《宋史·李壁傳記》	生也。據此，則在南軒門者，不獨文肅矣。 摘自《宋元學案·嶽麓諸儒學案》	斯人者幾希。 摘自《宋元學案·嶽麓諸儒學案》
李修己	字季允，丹棱人，文簡第七子也，學者稱為悅齋先生。紹熙庚戌進士，聲華籍甚。以召試為館職，廷對忠讜，累官至知潼川府，改知常德府，以安靜為治。先生正色立朝，持論侃侃。 摘自《宋元學案·嶽麓諸儒學案》	受業于樓迂齋、劉靜春，遂從張南軒遊。時先生求道甚銳，南軒戒以勿急於求成，自是循序而進。 摘自《宋元學案·嶽麓諸儒學案》	
劉強學	字行父，衢之西安人也，刑部侍郎穎之子。以太學生奏補官，累遷至知南康軍。建祠以祀周、程，以《近思錄》教士子。 摘自《宋元學案·嶽麓諸儒學案》	侍郎受知張忠獻公，令與其子宣公為友，其後嶽麓之教大興。宣公帥泉州，令彪先生德美掌書院事，先生既納拜宣公，授以伊洛源流，而德美又為言其詳甚悉。 摘自《宋元學案·嶽麓諸儒學案》	

張栻弟子姓名	人物簡介	從張栻遊學情況	備註
宋　姓	字茂叔，金華人也。初從呂成公學，論《通鑒》貫穿不窮，成公大奇之。成紹熙進士，主高安簿。丘公使金，引為書狀官。歸，除融州掾。秩滿，辟為廣西鹽事司主管官，諸司亦皆栻目待之。其于經史，皆究本原。摘自《宋元學案・嶽麓諸儒學案》	學于宣公，卓然自立。西山謂先生詩之閑淡，蓋亦得之宣公者多。摘自《宋元學案・嶽麓諸儒學案》	周益公稱之曰：「茂叔氣象和平，論議堅正，明敏足以決事，廉勤足以厲俗。」摘自《宋元學案・嶽麓諸儒學案》
潘友端	字端叔，金華人。雲濠謹案：《會稽續志》載：「先生淳熙甲辰進士，為太學博士。」摘自《宋元學案・嶽麓諸儒學案》	年十七，即從張、呂。摘自《宋元學案・嶽麓諸儒學案》	

第二節　張栻教育思想的評價

　　南宋著名教育家張栻與朱熹、呂祖謙齊名，並稱「東南三賢」，有「一代學者宗師」之譽，在中國哲學史上有重要的地位，是一位承前啟後的傑出教育思想家。在辦學指導思想方面，他主張以「成就人材，以傳道濟民」為方針，反對學校成為科舉的附庸，主張以儒家的政治倫理去教育和培養修齊治平的人才。張栻指出要培養濟世安邦的人才，德育是育人之根本。

張栻在對學者的道德教育方面，主要表現為以下幾個特點：一、護養「心」、「性」是學者道德修養的根本前提。張栻首先提出人性本「善」，教育可化氣質之偏為正，轉為性「善」的哲學依據。在護「心」方面，他向學者提出了「心」的主宰、正「心」、存「心」、養「心」之學，為學者的道德修養引領正路。養「性」方面，張栻要求學者順「性」而為、窮理盡「性」，以保性「善」，順寧天道。「心」、「性」之學固本，學者從根本入手，加強自身修養，才能找准自己的奮鬥航向。

　　二、張栻對學者的「仁」德、崇尚義理、遵「禮」德道德教育不孤立而行，而是統一於學者自身修煉的整個過程中。張栻在對學者進行求「仁」教育時，把「仁」與學者自身的發展、孝悌為求「仁」先行之務作為主要內容，並由此上升到士人的仁政治國。這種教育不是表面層次上，張栻對學者品德修養之教育，更是把學者的道德教育統一於治國安邦的行為實踐過程中。「義利之辯」是關於道義和功利相互關係的爭論，張栻把它看做學者修身的重要內容。要求學者在日常生活與社會實踐中崇「義」貶「利」，並與追求「仁」德德教育結合起來。在對學者遵「禮」的道德教育中，張栻不僅要求學者的行為舉止遵守「禮」的道德規範，還要求學者在遵「禮」時與生活的「敬」、崇「義」、求「仁」相結合，這樣下來，自己遵「禮」的道德修養過程才會更加完整。言行是衡量人素養與風度的主要標準與尺度。張栻指出學者應將言行主「信」視為道德修養的重點。言行有「信」，進德才有實地。在對學者道德教育內容的最後，張栻向學者提出了知言、知命、正確處理仁與知關係為內容的明「知」道德修養。告誡學者在明「知」過程中不斷求仁，這樣，學者明「知」的內容才會更加豐富。

　　良好的道德修養方法是學者修身養性的不竭動力。所謂道德修養

方法是指塑造學者道德品質和道德人格的方法。張栻經過自己的琢磨與思考,給學者提供多種道德修養方法。他從「志」為「氣」之帥,志向主宰自己行動的角度,闡述了立志是學者道德修養的前提和關鍵。在對學者講述踐「道」而行的道德修養方法時,首先明確踐「道」而行,是人與物的根本區別。接著他對踐「道」而行的意義與過程中遇到的問題進行了系統闡述,使學者在自身修養過程中少走彎路。宋代理學家強調學者在道德修養中尤其應重視克己,張栻也不例外。他對學者的克己教育包括兩方面的內容,一是方法。從本源入手,細察其偏、非禮勿為、重視榜樣的力量、勿舍其功是張栻對學者克己方法的教育方針。第二,他把「存天理滅人欲」視為學者克己的主要內容,並從「天理」之存與「口腹」之養的比較、君子、小人順、違天命,舜、禹以「理」治天下等幾方面來向學者闡明存「天理」、滅「人欲」的重要性。改過是學者避惡趨善的主要手段,張栻對學者改過的教育不同其他教育家,他對改過過程中出現的幾種錯誤做法進行了舉例,來警示學者謹防此種情況的出現,讓學者在道德修養過程中達到身有所處,心有所想。張栻對學者篤「實」教育的內容十分廣泛,他不僅要求學者正確處理「文」與「質」的關係,還提出在「正名」時,學者應以「實」為基,同時還要謹防佛家非「實」思想侵蝕自己的心靈。

　　居敬窮理是說持身恭敬和探究事物內部的本然道理。張栻認為人的才力終有限,想以有限的力量來應變其無窮的事物變化,加強居敬道德修養就提到議事日程上來。他認為居敬可以減少學者的弊病,並指出「主一」是學者「居敬」最核心、最重要的方法。在為學者講述居敬與窮理兩者關係時,張栻強調學者應將居敬與窮理相結合,因為「居敬有力,則其所窮者益精;窮理浸明,則其所居者益有地。」張栻指出「誠」作為道德信念和道德意志在道德修養過程中起著重要作

用。他認為明「善」是學者至「誠」的道德修養的主要方法。學者積善成德，才能至於「誠」。持之以恆、謙虛謹慎是張栻對學者道德修養方法教育的結束語。他以生活中的常見實例向學者闡述持之以恆在道德修養中的重要意義，他從為學和為師的立場出發，論證謙虛謹慎在為學中的重要作用。

張栻對學者為學教育思想的特色主要體現在幾個方面：第一，重視經典書目的學習。張栻認為，學者學《詩》固志、學《詩》明理、學《詩》增識；學者學《禮》約行，學《禮》知節；學者學《論語》知方向、學《孟子》明人倫、學《中庸》定心性。學者認真閱讀經典書籍，玩味其中，涵泳在內，收益良多。第二，告知學有所成，方法先行。張栻對經典著作的意義、閱讀方法進行了系統講述，以便學者在學習時抓其重點、有所把握。他向學者提供的為學方法主要有溫故知新、學思並進、循序漸進、博約相須、致知力行、涵養察識等。張栻提倡學者在為學過程中，應學會溫故知新、恰當處理好學與思之間的關係、致知力行並且要懂得循序漸進、涵養察識的重要。在他為學方法的指導下，學生能夠潛心入境、用心玩味、專心主一，在涵養知識的道路上越走越遠。

張栻的一生除了發展理學與教書育人外，還有仕途從政的經歷。他在為官生涯中，不斷發展自己的社會教化思想。張栻的社會教化呈現出以下幾個特點：一、固守根本。作為古代社會統治階級中的有識之士，張栻清醒地認識到，國家的存在與社會秩序的維持，在於有了農民和土地。他為政期間，通過頒佈《勸農文》來勸告百姓勤於農業，固本農業，這樣農民的生存與國家的發展才有根本的保障，這是開展教育、文化等其他社會活動的重要基礎。二、興學辦教與滌清社會風氣互為補充。張栻勸諭民眾向學，藉以形成良好的重教風氣。他為官一方，大力興辦學校，培養人才，於靜江學宮明倫堂旁立周敦

頤、二程「三先生祠」並為之作記。表彰三人在理學道統中的重要作用和功績，以此傳播理學。在興學氛圍的影響下，當地百姓對官府的勸告有了內心深層次的理解，他們遵守當地的約俗與規定，不斷居約自己的內心行為。三、依法治國與以德治國相互配合。張栻在治理當地的過程中利用法制教化，穩定了邊疆與當地的社會秩序。同時張栻採用勸農教化、風俗教化、為學教化等多種方式，不斷踐行以德治國的思想，來移風易俗、滌清社會風俗。

張栻的摯友朱熹對張栻學術思想的評價是「學之所就，足以名於一世。」[1]並述他受其深刻影響說：「余竊自悼其不敏，若窮人之無歸。聞張欽夫（即張栻）得衡山胡氏學，則往而從問焉。欽夫告予以聞，余亦未之省也，退而沉思，殆忘寢食。」[2]朱熹指出，張栻的學術思想與教育理念對自己影響很大，要仔細品讀、認真玩味，才能解讀出內在要旨。陳亮對張栻學術貢獻的評價是：「乾道間東萊呂伯恭（呂祖謙），新安朱元晦（朱熹）及荊州（張栻）鼎立，為一代學者宗師。」[3]宋元之際著名學者周密曾說：「伊洛之學行於世，至乾道、淳熙間盛矣。其能發明先賢旨意，溯流祖源，論著講解卓然自為一家者，惟廣漢張氏敬夫、東萊呂氏伯恭、新安朱氏元晦而已……蓋孔孟之道，至伊洛而始得其傳，而伊洛之學，至諸公而始無餘蘊。必若是，然後可以言道學也已。」[4]周密認為，張栻能夠發先賢旨意，追溯流祖源，傳孔孟之道，發天地之聲。張栻對南宋儒學思想發展有重要影響，他的學術思想影響了一代又一代的有智明、有曉理之學者，

1　（元）脫脫：《宋史‧道學三》，北京：中華書局1977年版，第12389頁。
2　（宋）朱熹：《朱熹集》，第321頁。
3　（宋）陳亮著，鄧廣銘點校：《陳亮集》卷21，北京：中華書局1987年版，第220頁。
4　（清）黃宗羲（原著），全祖望修：《宋元學案‧慶元黨》，第3234頁。

激勵他們在發揚先賢思想的道路上不斷前行。黃宗羲指出，張栻的學術貢獻主要表現在以下幾個方面，一是開創和發展了湖湘學派，他說：「湖南一派，在當時為最盛，然大端發露，無從容不迫氣象。自南軒出，而與考亭相講究，去短集長，其言語之過者裁之歸於平正。其南軒之謂與！」[1]二是在繼承胡宏理論的同時，不斷完善，並加以發揚光大。黃宗羲說：「南軒受教於五峰之日淺，然自一聞五峰之說，即默體實踐，孜孜勿釋，又其天資明敏，其所見解，初不厯階級而得之，五峰之門得南軒而有耀，從游南軒者甚眾，乃無一人得其傳，故道之明晦，不在人之眾寡爾。……南軒之學，得之五峰，論其所造大要，比五峰更純粹，蓋由其見處高，踐履又實也。」[2]三、與同時代的人物比較來看，特徵顯著，黃宗羲說：「朱子生平相與切磋得力者，東萊象山南軒數人而已，東萊則言其雜，象山則言其禪，惟於南軒，為所佩服，一則曰敬夫見識卓然不可及，從遊之久，反復開益為多，一則曰敬夫學問愈高，所見卓然，議論出人表，近讀其語，不覺胸中灑然，誠可嘆服，然南軒非與朱子反復辯難，亦焉取斯哉！第南軒早知持養是本，省察所以成其持養，故力省而功倍，朱子缺卻平日一段涵養工夫，至晚年而後悟也。」[3]全祖望說：「南軒似明道，晦翁似伊川。向使南軒得永其年，所造更不知如何也。」[4]

---

1 （清）黃宗羲（原著）、全祖望修：《宋元學案‧南軒學案》，第1611頁。
2 （清）黃宗羲（原著）、全祖望修：《宋元學案‧南軒學案》，第1635頁。
3 （清）黃宗羲（原著）、全祖望修：《宋元學案‧南軒學案》，第1635頁。
4 （清）黃宗羲（原著）、全祖望修：《宋元學案‧南軒學案》，第1609頁。

結語

　　張栻這位湖湘學派的教育大家在理學史上具有重要地位。他創立的理學及哲學體系，對於宋明理學的傳承與發展具有重要的作用。張栻傳承二程的理學思想，推崇周敦頤《太極圖說》，他批判地繼承與發展了胡宏「性體心用」、「性一分殊」與「盡心成性」的思想，所撰寫的《太極圖說解》關於太極之體、太極之性的論說，有理氣（太極與陰陽）論與心性論相貫通，宇宙論與本體論相貫通的意蘊，建構了以性為本位而涵括太極、心、氣、情、理等範疇之理學體系，有自己理學研究的獨特之處。張栻以「太極」為萬物本原，主張格物致知，知行互發。在知行關係上，他認為學者據其所知而前行，實踐之力越深厚，知理之深越發達，兩者互相配合，促進自身理學體系的完善。對「仁」德的闡發方面，張栻深研精道，一方面堅持胡宏的內察仁體的道德實踐進路，同時吸收朱熹的察識與涵養並進的思想認知，在體悟「仁」德的道路上拓展廣闊。同時，張栻重新闡釋「維經無窮」理念，倡議學者在閱讀經典書籍過程中，要平心涵泳、淨心體味，審讀經典儒學思想所蘊含的哲學道理。張栻以理學為核心的教育思想，對學者反思經學詮釋與中國哲學創新，有重要的推動作用。

　　張栻對同時代的理學大師朱熹的學術思想影響甚大。朱子在理學方面成就的取得與張栻的交流與學術的碰撞不可分離。他們對於理學的相關問題進行了深入、細緻的分析，使各自的思想體系進一步完善。張栻對朱熹理學思想的討論，始於「中和」問題的討論，「丙戌之悟」與潭州之會都是以張栻對心性論的闡發為主導，在心性闡發過

程中，張栻強調察識為先，涵養步後」，對朱熹早期心性闡發產生了重要影響。「己丑之悟」以後，朱熹經過與張栻之間的辯難，兩人在理學相關問題上，逐步達成共識，認為察識和涵養並進工夫論的總綱領——「心主性情」和「心統性情」，朱熹在張栻影響下建構起較為完備心性論的體系，對宋明理學的發展產生重要影響。朱熹稱讚張栻的學問與為人，他指出，張栻的學問洞察深處，廣拓有餘，深研有道，恢弘大氣。在與張栻的學術交流過程中，朱熹受益匪淺，稱其學問「于大本卓然先有見者也」，足以名於一世。

張栻創建城南書院，主持嶽麓書院，在師承胡宏等人思想的基礎上，確立了集眾家之長的湖湘學派的基本理論和學術地位，這既對當時的思想界注入活水，更促進了湖湘學和湖湘文化的發展，同時也確立了張栻在理學史上的地位。他的弟子深受張栻思想薰陶，把重視「經濟之學」作為「踐履」的重要標準，踐道而為，審察玩味，踔厲奮進，在湖湘學派的傳承與發展中，做出重要貢獻，成為湖湘學派的中堅力量。張栻弟子的政治與學術活動使湖湘學派更加流光溢彩。張栻對宋代蜀學和巴蜀文化的發展也有重要影響。他早年深受儒學的薰陶涵養，中年執教於城南書院和嶽麓書院，精心研究理學，促進了蜀地文化事業的發展。故《宋元學案》說：「蜀學之盛，終出于宣公（張栻）之緒。」張栻積極闡發孝道思想，將其提升到天理的高度，並自覺躬行其於治理國家、教化百姓之中。張栻孝道思想的闡發對巴蜀孝道思想的豐富和發展、乃至巴蜀地區文化建設都有重要的理論意義和現實價值。

由於張栻所處的時代及其階級地位的局限性，其教育思想理論已打下了階級的烙印。他所認為「善政以教育為先」，是直接為其封建統治者服務。張栻主張君子勞心以治民，野人勞力以供上，認為這是「理所應當」。他說：「大人者，治其大人之事于上，而小民者，則共

其小民之事于下。在上者勞心以治人，而在下者聽治于人。聽治于人者出力以食其上，而治人者則享其食焉。此理天實為之，萬世所共由者，故曰天下之通義也。」[1]從中可以看出，張栻教育思想具有明顯的階級性和差別性。從培養目標來說，張栻強調直接「學成聖人」，未免缺少涵養察識之內在的循序性，他說：「善學者志必在乎聖人，而行無忽乎卑近。……上知固生知之流，然亦學而可至也。均是人也，雖氣察之濁，亦豈有不可變者乎？……人惟自棄，以堯舜不可及，是以安其故常終身不克進，猶不知己之性即堯舜之性，而其不能如堯舜者，非不能也，不為耳。」[2]把聖人作為教育的培養目標是大多數理學家的共性，但張栻培養學者稱為聖人很是直接，但一定程度上缺少工夫和循序漸進的意味，這是其培養人才的急性之處，其他理學家也表示不滿。張栻作為湖湘學派的大師，其學在身後逐漸隱沒。朱熹和張栻等學者同時參與了理學問題的探討，但張栻的學術風格缺少應有的主動性和創發性，雖兼有理學和心學的特徵而欠充分的理由依據，且更偏重於實踐性，以致逐漸喪失了在理學內部的話語權。

---

[1] （宋）張栻：《張栻全集・孟子說》，第323頁。
[2] （宋）張栻：《張栻全集・孟子說》，第363頁。

參考文獻

一　古籍類

《十三經注疏》，北京：中華書局1979年版。
（西漢）董仲舒著，袁長江點校：《董仲舒全集·賢良對策》，北京：學苑出版社2003年版。
（東漢）班　固：《漢書》，北京：中華書局1962年版。
（東漢）許　慎：《說文解字》，北京：中華書局1961年版。
（東漢）曹　操：《曹操詩全集·短歌行》，北京：人民文學出版社1958年版。
（唐）房玄齡等撰：《晉書》，北京：中華書局1974年版。
（後晉）劉　昫著：《舊唐書·食貨志上》，北京：中華書局1983年版。
（唐）姚思廉：《陳書·章昭達傳》，北京：中華書局1972年版。
（唐）李世民著：《唐太宗全集》，天津：天津古籍出版社2004年版。
（劉宋）范　曄：《後漢書》，北京：中華書局1973年版。
（宋）羅大經著，王瑞來點校：《鶴林玉露·高宗卷紫岩》北京：中華書局1997年版。
（宋）程顥、程頤著，王孝魚點校：《二程集》，北京：中華書局2004年版。
（宋）張　載著，章錫琛點校：《張載集》，北京中華書局1978年版。
（宋）胡安國：《胡氏春秋傳序》，文淵閣四庫全書影印本。
（宋）胡　宏著，吳仁華點校：《胡宏集》，北京：中華書局1987年版。

（宋）張栻著，楊世文、王蓉貴點校：《張栻全集》，長春：長春出版社1999年版。
（宋）朱　熹：《四書章句集注》，北京：中華書局1983年版。
（宋）黎靖德著，王星賢點校：《朱子語類》，北京：中華書局1994年版。
（宋）朱熹著，朱杰人、嚴佐之、劉永翔主編：《朱子全書》，上海：上海古籍出版社、合肥：安徽教育出版社2002年版。
（宋）朱熹著，郭齊、尹波點校：《朱熹集》，成都：四川教育出版社1997年版。
（宋）呂祖謙著，黃靈庚、吳戰壘主編：《呂祖謙全集》，杭州：浙江古籍出版社2007年版。
（宋）楊萬里著，辛更儒箋校：《楊萬里集箋校》，北京：中華書局2007年版。
（宋）陸九淵著，鍾哲點校：《陸九淵集》，北京：中華書局1980年版。
（宋）陳　亮著，鄧廣銘點校：《陳亮集》，北京：中華書局1987年版。
（宋）劉克莊著，王蓉貴、向以鮮點校，刁忠民審定：《後村先生大全集》，成都：四川大學出版社2008年版。
（元）脫　脫：《宋史》，北京：中華書局1977年版。
（清）黃宗羲（原著），全祖望修，陳金生、梁運華點校：《宋元學案》，北京：中華書局1986年版。
（清）王懋竑撰，何忠禮點校：《朱熹年譜》，北京：中華書局1998年版。
（清）徐　松（輯）：《宋會要輯稿》，北京：中華書局1957年版。
（清）胡宗楙，李春梅點校：《張宣公年譜》，成都：四川大學出版社2003年版。
（清）卞寶弟、李瀚章等修，曾國荃、郭嵩燾等：《湖南通志》，上海：上海古籍出版社1990年版。

（清）王懋竑撰，何忠禮點校：《朱子年譜》，北京：中華書局1998年版。
（清）王先謙著，沈嘯寰、王星賢點校：《荀子集解・大略》，北京：中華書局1988年版。
（清）孫詒讓著，孫啟治點校：《墨子經》，北京：中華書局2001年版。

二　今人著作

孟憲承：《中國古代教育史資料》，北京：人民教育出版社1961年版。
陳元暉、尹德新、王炳照：《中國古代的書院制度》，上海：上海教育出版社1981年版。
侯外廬、邱漢生、張豈之《宋明理學史》，北京：人民出版社1984年版。
南京師範大學教育系編：《教育學》，北京：人民教育出版社1985年版。
錢基博、李肖聃：《近百年湖南學風・湘學略》，長沙：嶽麓書社1985年版。
張立文：《宋明理學研究》，北京：中國人民大學出版社1985年版。
毛禮銳、瞿菊農、邵鶴亭：《中國古代教育史》，北京：人民教育出版社1986年版。
楊慎初等：《嶽麓書院史略》，長沙：嶽麓書社1986年版。
陳谷嘉主編：《嶽麓書院名人傳》，長沙：湖南大學出版社1988年版。
朱漢民：《湖湘學派與嶽麓書院》，北京：教育科學出版社1991年版。
蔡方鹿：《一代學者宗師——張栻及其哲學》，成都：巴蜀書社1991年版。
朱漢民、陳谷嘉著：《湖湘學派源流》，長沙：湖南教育出版社1992年版。
丁　鋼、劉琪：《書院與中國文化》，上海：上海教育出版社1992年版。

王炳照主編：《中國教育思想通史》，長沙：湖南教育出版社1994年版。
孫培青、李國鈞主編：《中國教育思想史·第二卷》，上海：華東師範大學出版社1995年版。
侯外廬：《中國思想通史》，北京：人民出版社1995年版。
楊布生：《嶽麓書院山長考》，上海：華東師範大學出版社1996年版。
朱漢民：《嶽麓書院的歷史與傳統》，長沙：湖南大學出版社1996年版。
王瑞明：《宋儒風采》，長沙：嶽麓書社1997年版。
李國鈞：《中國書院史》，長沙：湖南教育出版社1998年版。
陳谷嘉、鄧洪波：《中國書院史資料》，杭州：浙江教育出版社1998年版。
苗春德：《宋代教育》，開封：河南大學出版社1999年版。
陳學恂、王炳照、郭齊家主編：《中國教育史研究·宋元分卷》，上海：華東師範大學出版社2000年版。
李國鈞、王炳照總主編，喬衛平著：《中國教育制度通史·第三卷》，濟南：山東教育出版社2000年版。
馮象欽、劉欣森：《湖南教育史上卷》，長沙：嶽麓書社2002年版。
漆　俠：《宋學的演變和發展》，石家莊：河北人民出版社2002年版。
葛兆光：《中國思想史》，上海：復旦大學出版社2002年版。
朱漢民：《湖學原道錄》，北京：中國社會科學出版社2002年版。
陳　振：《宋史》，上海：上海人民出版社2003年版。
張立文：《中國學術通史·宋元明卷》，北京：人民出版社2004年版。
燕國材：《中國教育心理思想史》，濟南：山東教育出版社2004年版。
朱漢民：《湖湘學派史論》，長沙：湖南大學出版社2004年版。
馮克誠：《胡宏、張栻湖湘學派教育思想與教育論著選讀》，北京：中國環境科學出版社2006年版。
張豈之：《中國思想學說史·宋元卷》，桂林：廣西師範大學出版社2007年版。

苗春德、趙國權：《南宋教育史》，上海：上海古籍出版社2008年版。
呂變庭：《南宋科技思想史研究》，北京：人民出版社2010年版。
陳　來：《宋明理學》，香港：生活・讀書・新知三聯書店2011年版。
湯元宋：《朱熹張栻往來書信疏證與研究》，北京：北京大學出版社2024年版。
申聖超：《張栻學案》，北京：中國社會科學出版社2024年版。
陳谷嘉：《張栻傳》，成都：天地出版社2022年版。
吳　康：《宋明理學》，臺北：華國出版社1962年版。
（日本）寺田剛：《宋代教育史概說》，東京：博文社1965年版。
王雲五：《宋元教學思想》，臺北：臺灣商務印書館1971年版。
黃公偉：《宋明理學體系論史》，臺北：幼獅書店1971年版。
夏君虞：《宋學概要》，臺北：華世出版社1976年版。
錢　穆：《宋明理學概述》，臺北：臺灣學生書局1977年版。
伍振鷟：《兩宋理學教育思潮》，臺北：臺北偉文出版社1978年版。
張正藩：《中國書院制度考略》，臺北：臺灣中華書局1984年版。
姜國柱：《中國歷代思想史・宋元卷》，臺北：文津出版社1993年版。
蔡仁厚：《宋明理學・南宋篇》，臺北：臺灣學生書局1999年版。
宋　晞：《宋史研究論叢》第五輯，臺北：中國文化大學出版社2000年版。
吳萬居：《宋代書院與宋代學術之關係》，臺北：文史哲出版社2001年版。

三　論文類

蔡方鹿：〈張栻與宋代理學〉，《船山學刊》1988年第2期。
蔡方鹿：〈張栻與湖湘文化〉，《湖南社會科學》1989年第5期。

蔡方鹿：〈張栻與嶽麓書院〉，《社會科學研究》1991年第4期。
潘富恩：〈論「東南三賢」理學思想之異同〉，《甘肅社會科學》1991年第5期。
王子揚：〈張栻與南宋四川理學〉，《天府新論》1992年第2期。
向世陵：〈張栻「實」學淺論〉，《天府新論》1992年第2期。
蔡東洲：〈試論張栻的史學思想〉，《天府新論》1992年第2期。
陳浩凱：〈湖南社會科學〉，《中國古代道德教育的特色及其啟示》2001第2期。
黃賜英：〈張栻主教嶽麓書院啟示略談〉，《船山學刊》2002年第1期。
肖永明：〈張栻之學與「四書」〉，《船山學刊》2002年第3期。
顧媖娣：〈張栻的學習心理思想研究〉，《船山學刊》2003年第1期。
蘇鉉盛：〈張栻早期仁學思想考〉，《孔子研究》2003年第5期。
楊布生、彭定國：〈湖湘學派源流與經世致用〉，《湖南師範大學社會科學學報》2003年第6期。
黃守紅、單蘋：〈湖湘學派教育思想的現代啟示〉，《湖南科技大學學報》2004年第4期。
張春林：〈胡宏的仁學思想簡析〉，《河北大學學報（哲學社會科學版）》2004年第2期。
孫海林：〈張栻與城南書院研究〉，《湖南第一師範學報》2005年第1期。
鄧洪波：〈宋代湖南書院與湖湘文化的形成〉，《船山學刊》2005年第2期。
（美）田　浩、黃梓根：〈宋代中國的儒家書院〉，《湖南大學學報》2005年第6期。
張世英：〈儒家與道德〉，《社會科學戰線》2006年第1期。
王麗梅：〈論張栻教育思想〉，《江蘇社會科學》2006年第1期。
王麗梅：〈經世致用的詮釋與實踐——論南宋重臣張栻的經世活動〉，《社會科學家》2006年第5期。

劉玉敏：〈二程對「孝悌其為仁之本」的解讀及其倫理意義〉，《蘭州學刊》2007第4期。

陳　東：〈中國古代經筵概論〉，《齊魯學刊》2008年第1期。

何英旋、呂錫琛：〈張栻的書院道德教育〉，《湖湘論壇》2008年第6期。

陳代湘：〈朱熹與張栻的學術交往及相互影響〉，《東南學術》2008年第6期。

劉哲明、朱與墨：〈張栻書院教育思想對湖南一師早期師範教育的影響〉，《船山學刊》2009年第3期。

曾　亦：〈張南軒與胡五峰之異同及其學術之演變〉，《湖南大學學報》2009年第6期。

陳代湘：〈朱熹與張栻的思想異同〉，《湖湘論壇》2010年第1期。

王改淩：〈南宋乾淳時期張栻的書院教育思想特色〉，《昌吉學院學報》2010年第4期。

唐明貴：〈張栻《論語解》的理學特色〉，《哲學動態》2010年第8期。

張　卉：〈張栻對朱熹心性論的影響〉，《四川師範大學學報（社會科學版）》2013年第6期。

鄒錦良：〈「知行」之辯：周必大與張栻的學術交誼考論〉，《孔子研究》2013年第4期。

蔡方鹿、胡長海：〈張栻「異端」觀研究〉，《湖南大學學報（社會科學版）》2014年第1期。

劉學智：〈張栻「儒佛之辨」芻議〉，《湖南大學學報（社會科學版）》2014年第1期。

向世陵：〈張栻的「性善」論說〉，《湖南大學學報（社會科學版）》2014年第1期。

楊柱才：〈張栻太極體性論〉，《船山學刊》2014年第1期。

郭　齊：〈胡宏性本體論對張栻的影響〉，《船山學刊》2014年第1期。

張　琴：〈論張栻理學體系的邏輯結構〉，《中國哲學史》2014年第2期。
鍾雅瓊：〈張栻對胡宏思想的傳承及調整〉，《孔子研究》2014年第3期。
成中英：〈朱熹與張栻的論學：性體情用心統與性體心用導向心之九義〉，《四川師範大學學報（社會科學版）》2014年第3期。
張勁松：〈張栻在宋代道學中的宗主地位及其影響〉，《四川師範大學學報（社會科學版）》2014年第3期。
肖永奎、舒也：〈張栻的性論思想辨析〉，《湖北大學學報（哲學社會科學版）》2015年第3期。
李可心：〈由心的出入問題反思張栻之學的式微〉，《中國哲學史》2016年第3期。
吳亞楠：〈張栻「太極」即「性」說辨析〉，《中國哲學史》2016年第2期。
吳亞楠：〈張栻、朱熹對「太極」與「性」關係的不同解讀〉，《江淮論壇》2016年第1期。
王麗梅：〈即體即用與體用分離——張栻與朱熹的太極之辯〉，《孔子研究》2016年第5期。
周建剛：〈張栻對周敦頤之學的繼承與發展〉，《求索》2016年第11期。
曹鵬程：〈張栻的史學思想〉，《中華文化論壇》2017年第1期。
王鳳賢：〈胡宏、張栻的「性本論」倫理思想〉，《浙江學刊》2017年第6期。
向世陵：〈張栻的仁說及仁與愛之辨〉，《學術月刊》2017年第6期。
申聖超、舒大剛：〈論張栻的孝道思想〉，《中國哲學史》2018年第2期。
楊世文：〈張栻教育哲學論略——以明倫教育為核心〉，《江蘇科技大學學報（社會科學版）》2018年第4期。
李長泰：〈張栻君子範疇內涵的理學體系解析〉，《中原文化研究》2018年第6期。

田　浩：〈朱熹與張栻、呂祖謙互動述略〉，《湖南大學學報（社會科學版）》2018年第1期。
楊國宜：〈張浚、張栻的生平、學派和思想特點〉，《南昌大學學報（人文社會科學版）》2018年第4期。
陳　來：〈張栻《太極圖說解義》及其與朱子解義之比較〉，《周易研究》2019年第1期。
周接兵：〈義利公私之間：張栻對君子人格的理學詮釋〉，《河北師範大學學報（哲學社會科學版）》2019年第1期。
文碧方、洪明超：〈張栻早期、中期與晚期工夫論之演變〉，《湖南大學學報（社會科學版）》2019年第4期。
張天傑：〈呂祖謙與張栻交遊詳考——兼談南宋初年「東南三賢」之由來〉，《湖南大學學報（社會科學版）》2019年第4期。
吳亞楠：〈從重「欲」到「無為而治」——張栻理欲觀的三個層次〉，《孔子研究》2019年第4期。
謝桃坊：〈論學辯難窮理致知——試析張栻與朱熹關於理學觀念的討論〉，《天府新論》2019年第6期。
葉耀華：〈張栻心性論演進探析〉，《湖湘論壇》2020年第2期。
趙　聃：〈張栻道統思想探析〉，《船山學刊》2020年第5期。
毛麗婭：〈張栻的道統思想及其對儒家道統傳承的貢獻〉，《中國哲學史》2021年第1期。
李長泰：〈張栻對禮範疇內涵詮釋的四個維度〉，《中原文化研究》2021年第6期。
李麗珠：〈孤懸與渾融——朱熹與張栻太極思想異同比較〉，《中國哲學史》2021年第2期。
謝桃坊：〈張栻「學者之詩」發微〉，《中華文化論壇》2021年第3期。
樂愛國：〈朱熹、張栻解《孟子》「王何必曰利？亦有仁義而已矣」之比較〉，《湖南大學學報（社會科學版）》2022年第4期。

游　森：〈論張栻的本體與工夫觀——以《太極圖說解義》為核心〉，《周易研究》2022年第4期。

吳亞楠：〈經典的無限性意味——張栻「維經無窮」理念新解〉，《中國哲學史》2022年第1期。

楊世文：〈道不遠人：張栻的儒家之道〉，《船山學刊》2022年第2期。

李長泰：〈張栻仁內涵的四層美學邏輯〉，《中原文化研究》2022年第5期。

王麗梅：〈張栻義利觀鉤沉〉，《天府新論》2022年第3期。

牛　磊：〈論張栻的「萬物一體」思想〉，《河北大學學報（哲學社會科學版）》2022年第1期。

葉文舉：〈再論張栻的《詩經》研究〉，《船山學刊》2023年第1期。

王麗梅：《張栻哲學思想研究》，湘潭大學2001年碩士論文。

官志隆：《宋代書院教育教材與教法》，彰化師範大學2002年碩士論文。

熊豔娥：《宋代書院記研究》，南京師範大學2005年碩士論文。

王　晶：《南宋書院教學藝術研究》，東北師範大學2006年碩士論文。

林　怡：《論「東南三賢」的散傳》，浙江師範大學2006年碩士論文。

張麗華：《論南宋書院的勵志教育》，華中師範大學2007年碩士論文。

毛小庶：《論南宋書院理學大師的學術精神——以朱熹、陸九淵、呂祖謙、張栻為例》，江西師範大學2007年碩士論文。

呂紅安：《張栻書院教學思想研究》，河南大學2008年碩士論文。

貝廣勇：《宋代書院管理制度研究》，山東大學2008年碩士論文。

湯寬新：《張栻倫理思想研究》，湖南師範大學2009年碩士論文。

鄒挺超：《朱熹的交往關係研究》，廈門大學2009年碩士論文。

張鑫鑫：《張栻仁學思想研究》，陝西師範大學2017年碩士論文。

解曉昕：《朱張論學視野下張栻理學體系建構》，山東大學2020年碩士論文。

彭　洋：《張栻的社會化思想研究》，重慶師範大學2021年碩士論文。
劉榮賢：《宋代湖湘學派研究》，東海大學中文研究所1994年博士論文。
蘇鉉盛：《張栻哲學思想研究》，北京大學2002年博士論文。
邢靖懿：《張栻理學研究》，河北大學2008年博士論文。

哲學研究叢書・學術思想叢刊 0701032

張栻教育思想研究

作　　　者	張連勇
責任編輯	黃筠軒
特約校稿	蔡昀融
發 行 人	林慶彰
總 經 理	梁錦興
總 編 輯	張晏瑞
編 輯 所	萬卷樓圖書股份有限公司
排　　版	林曉敏
印　　刷	維中科技有限公司
封面設計	黃筠軒

發　　行　萬卷樓圖書股份有限公司
　　臺北市羅斯福路二段 41 號 6 樓之 3
　　電話 (02)23216565
　　傳真 (02)23218698
　　電郵 SERVICE@WANJUAN.COM.TW
香港經銷　香港聯合書刊物流有限公司
　　電話 (852)21502100
　　傳真 (852)23560735

ISBN 978-626-386-159-6
2024 年 10 月初版
定價：新臺幣 360 元

如何購買本書：

1. 轉帳購書，請透過以下帳戶
　合作金庫銀行　古亭分行
　戶名：萬卷樓圖書股份有限公司
　帳號：0877717092596

2. 網路購書，請透過萬卷樓網站
　網址 WWW.WANJUAN.COM.TW

大量購書，請直接聯繫我們，將有專人為您服務。客服：(02)23216565 分機 610

如有缺頁、破損或裝訂錯誤，請寄回更換
版權所有・翻印必究
Copyright©2024 by WanJuanLou Books CO., Ltd.
All Rights Reserved　　　Printed in Taiwan

國家圖書館出版品預行編目資料

張栻教育思想研究/張連勇著.-- 初版.-- 臺北市：萬卷樓圖書股份有限公司, 2024.10
　　面；　　公分.--(哲學研究叢書. 學術思想叢刊；701032)
ISBN 978-626-386-159-6(平裝)

1.CST: (宋)張栻　2.CST: 學術思想　3.CST: 教育哲學

520.11　　　　　　　　　　　　113014701